作者简介

詹姆斯·A·厄斯金（James A. Erskine）在西安大略大学理查德·毅伟商学院教授运营管理课程。他拥有西安大略大学工学和 MBA 学位以及印第安纳大学博士学位。在过去的 30 年中，詹姆斯在 30 多个国家为几千名参与者开设过案例教学方法、管理开发项目工作坊和研讨会课程。1986 年，詹姆斯成为"3-M"教学特聘导师，并且被公认为是加拿大最杰出的大学教授之一。2000 年，他获得西安大略大学最高教学荣誉 Edward G. Pleva 优秀教学奖。2001 年，他获得 Nova Scotia 银行、UWO 校友会和学生委员会颁发的本科优秀教学奖。

迈克尔·R·林德斯（Michiel R. Leenders）是理查德·毅伟商学院荣誉退休教授，也是理查德·毅伟商学院利恩德斯采购管理协会主席。他拥有艾伯塔大学矿业工程学位、西安大略大学 MBA 学位以及哈佛商学院博士学位，是毅伟商学院博士学位项目前任主任，在全球从事教学和咨询工作。迈克尔独自及合作完成了供应链管理领域的 10 本专著，这些书已被翻译成 9 种语言。1997 年，迈克尔在由《金融邮报》(*Financial Post*)和贝尔(加拿大)公司(Bell Canada)赞助的"管理教育奖"评选中获得了"管理教育领袖"的殊荣。

路易丝·A·林德斯(Louise A Mauffette-Leenders)拥有 Jean-De-Brébeuf 学院的学士学位、加拿大魁北克省蒙特利尔 l'École Des Hautes Études 商学院的工商管理学士(BBA)和工商管理硕士(MBA)学位。作为一位西安大略大学理查德·毅伟商学院的案例作者和研究助理(Research Associate),她开发了几十个管理方面的案例,涉及管理的各个领域,包括非营利组织。1987年以来,路易丝一直在印度和秘鲁的社会服务和国际发展机构工作。在多种培训项目中为社会服务机构开发并且教授了大量的案例。

理查德·毅伟商学院
加拿大西安大略大学 **Ivey**

[加]詹姆斯·A·厄斯金（James A. Erskine）
[加]迈克尔·R·林德斯（Michiel R. Leenders） 著
[加]路易丝·A·林德斯（Louise A. Mauffette-Leenders）

黄 磊 赵向阳 译

毅伟商学院案例教学法丛书

毅伟商学院案例教学（第3版）

Teaching with Cases

Third Edition

北京师范大学出版集团
BEIJING NORMAL UNIVERSITY PUBLISHING GROUP
北京师范大学出版社

版权声明

致　谢

本书蕴含的思想乃是由世界各地数千名热心、经验丰富的老师培育而成，35年以来，他们一直参加我们的案例教学法工作坊的培训。他们的行为证明，案例教学法确实具有普适性。

我们感谢毅伟商学院同行们的投入、帮助和鼓励。他们持续不断地提高着有效案例教学的标准。

我们享有优先的机会在课堂上、课程教学中聆听学生们的观点，向学生们学习，这些络绎不绝的学生们高度积极、能力出众。他们兴趣纯粹，热切期望通过案例讨论的方式提高自己的技巧和能力，这本身恰似一个鲜活的实验室，使我们享有机会检验本书的观点。

哈佛商学院开拓了在管理教育中采用案例教学法的道路。多年来哈佛同行一直与我们自由分享他们的见解、经验和建议，对此我们无比感激。

我们也非常感谢欧洲案例交换中心（ECCH）成员们对案例和案例文献传播所做出的努力，是他们给其他人提供了学习的机会。他们提供便捷道路，让老师更容易获取资料并提高技巧。

最后，我们非常感谢伊莱恩·卡森及其助手莎朗·罗查德所作的工作。他们心灵手巧、极富耐心，反复准备和制作本书。感谢他们的严谨工作和持续支持。

前　言

我们非常高兴为读者奉献出《毅伟商学院案例教学》第 3 版。本书与《毅伟商学院案例学习》完全相辅相成，对于任何对案例学习/教学有兴趣的读者而言，他们是非常有价值的姊妹篇。

《毅伟商学院案例教学》的第 1、2 版以文献资料和超过 100 位案例教学老师的个人访谈结果为基础，主要是描述性的。在保持本书前两版优点的基础上，新版本进行了大幅度的更新，融进了我们正规班的教学经验和在世界各地案例教学工作坊老师们的反馈意见。本书大量扩展了参与流程管理的内容，尤其把重点放在问答环节。事实证明行之有效的"案例教学计划"加上其他诸如"案例难度立方体""学习三阶段模型"以及"案例准备表"等概念将会促进案例教学效力和效果的提高。

以本书的观点为基准，经验丰富的案例教学老师可以进一步提高自己的案例教学技巧，案例教学新手则可以更快更有效地开展案例教学。"反馈与辅导"一章讨论的"因果分析法"为新手老手提供了给学生提出意见的更好手段。任何对案例教学法真正感兴趣的读者都可以采纳这些要点、策略和技术来充分体验案例教学的乐趣，它们分布全书，触手可得。

中文版序

　　管理理论是从管理实践中提炼出来的,而所有的管理实践都有着特定文化和制度背景,受地域和时间因素影响。因此,管理具有权变性,管理不仅需要科学的分析,也需要大量的技巧和一定程度的艺术。管理教育的一个重要特点是必须体现理论与实践的结合,强调系统知识、管理技能和管理思维的融合。案例教学正是能较好地体现管理学科认知特征和管理教育特点的教学方式,是国内外 MBA 教育的典型手段。国内外几乎所有的管理学院都重视案例教学,案例教学水平和案例写作水平也被视为反映管理学院 MBA 教育水平的一个重要指标。

　　目前国际上被广泛采用的教学案例主要来自美国哈佛商学院案例库和加拿大西安大略大学毅伟商学院案例库。

　　哈佛商学院作为在管理教育中采用案例教学的首倡者,其 MBA 教育以案例教学为主要方式。哈佛商学院每年向全球提供 350 篇新案例,哈佛案例和相关教材在中国有广泛影响。

　　这里要对毅伟商学院多说几句:毅伟商学院同样以案例教学著称,毅伟商学院每年向全球提供 200 篇新案例,在全球有 115 000 个登记的机构客户,是仅次于哈佛商学院的世界第二大企业管理案例出版者和发行者。毅伟案例库有 6 500 个案例,广泛流通的有2 500个,20％的案例来自亚洲。

毅伟商学院在案例教学和案例开发方面具有丰富的知识和经验。由毅伟商学院教授 James A. Erskine,Michiel R. Leenders 和 Louise A. Mauffette－Leenders 撰写的《案例教学》(Teaching With Cases)、《案例学习》(Learning With Cases)、《案例写作》(Writing Cases)在国际上得到广泛的认可,已经被翻译成法语、西班牙语和葡萄牙语。

毅伟商学院与中国的管理院校在案例教学和案例开发方面的合作由来已久。自 1998 年以来,在香港培华基金会和中国全国MBA 教育指导委员会的支持下,毅伟商学院与清华大学经济管理学院已经合作举办了 12 期案例教学与案例编写研讨班,有超过600 位来自中国各个 MBA 培养院校的教师参加过培训。以上三本关于案例教学、学习以及写作的工具书就是研讨班使用的主要教材。

2010 年,毅伟商学院、中国管理案例共享中心和全国 MBA 教育指导委员会签署了一份备忘录,决定合作开发一系列基于中国企业实践的管理案例,并经由毅伟商学院的案例分销渠道向全球推广。

改革开放 30 多年来,中国的经济社会发展取得了巨大进步,中国企业创造了许多颇具特色的管理经验。开发基于中国企业管理实践的管理案例并将其介绍给国际学术界和管理教育界,具有深远的意义。毅伟商学院丰富的案例开发知识和经验,将有助于中国的管理学者开展既具有中国特色,又符合国际标准的案例研究,并开发出能够与世界分享的教学案例。

北京师范大学赵向阳老师和广东外语外贸大学的黄磊老师翻译的《毅伟商学院案例教学》、《毅伟商学院案例学习》、《毅伟商学院案例写作》是以上三本书的中文译本。其中文版在这个时间推出，正可谓是恰逢其时。我相信，这套丛书在中国出版对于帮助中国的教师和学生掌握案例教学和案例学习的技巧，发展中国管理院校案例教学和案例研究能力，进而提升中国的管理教育水平，都会起到积极作用。作为一位长期从事管理教育的教师，我由衷感谢赵向阳老师和黄磊老师的贡献，并向读者推荐这套丛书。

仝允桓

清华大学经济管理学院教授

全国 MBA 教育指导委员会秘书长

目 录

1

第一章 导 言

有效的案例学习和案例教学形式富有活力，为教师和学生带来独特而又极度满足的体验。我们相信，每一个采用案例教学法的教师都可以提高教学质量，他们将发现本书在这方面很有用。

大约一个世纪以前，哈佛商学院就把案例教学法当成有效的教学手段教授商务管理课程。如今，案例教学法不只是少数精选商学院的专用手段，它已经在世界上很多学科领域得到了广泛应用。运用现实生活中真实管理人员的决策故事、通过参与和协作方式进行学习，已经被证明是一种比相对传统的教育方式更激动人心的教学手段。不过，对于教师而言，案例教学的困难非同一般，本书就是为解决这方面的问题而写。

本书是作者的案例三部曲之一，这三部曲分别是《毅伟商学院案例写作》《毅伟商学院案例学习》和《毅伟商学院案例教学》。从前的《毅伟商学院案例教学》版本大多是以现有的文献资料以及对全世界范围内超过 100 名案例教学教师的采访后编写而成。第 3 版除了继承前面其他版本的精华以外，还融合了 35 年来，我们在世界各地对超过 8000 名教师进行案例工作坊培训的经验。作者们依据一百多年来的案例教学和学习经验进行写作。他们已经在课堂上检测和证明了本书所有核心观点的有效性。

案例给教师和学生提供了用于决策的相同信息。从这点开始，教师和学生在学习过程中所扮演的角色将存在着显著的差别。表 1-1 总结了一个正规案例教学课堂中教师和学生所扮演的角色。

表 1-1　正规案例教学课堂中教师和学生的角色

时间	教师	学生或参与者
课前	布置案例作业，经常也包括阅读材料，让学生准备	接受案例和阅读材料
	备课。完成案例教学计划	个体研读和准备。开始填写案例准备图表
课前	（可能跟同事咨询案例）	参与小组案例讨论。在案例准备图表中添加内容
课间	解决阅读材料碰到的问题	就阅读材料提出问题
	通过提问、记录和辅助学生总结、提供可以促进学生思考和学习的数据、理论和观点引导案例讨论。实施案例教学计划	通过分享案例的观点参与课堂讨论，认真听取别人的意见。采用案例准备图表
课后	评估学生的参与情况，记录感受	按照准备内容来评估课堂效果
	评估案例教学计划	回顾案例准备图表
	根据原来的教学目标评估案例和其他材料，改进教学建议书	记录核心学习要点

　　本书的姊妹篇《毅伟商学院案例学习》一书，主要是关注学生或参与者在案例教学法中的角色。它解释了采用案例教学法的原因以及什么是案例教学法。《毅伟商学院案例学习》就学生如何进行个人案例准备和参加小组、课堂讨论提出详细的建议，这是本书的核心内容所在。此外，本书还涉及案例陈述、报告、测试和有效的学习过程管理等方面的内容。

　　《毅伟商学院案例学习》中解释的"案例难度立方体"（图 1-1）、"学习三阶段模型"（图 1-2）和"案例准备图表"（图 1-3）提供了一种对案例学习流程一个概念性的思维方式，是有用的基础工具。简而言之，《毅伟商学院案例学习》对学生的案例准备和参与设定了标准。通过运用再造工程原理，同时关注学习过程中的增值活动，作者简化了学习任务，提高了产出，并有效地减少了学生准备和参与案例学习的时间。结果是，在学习质量提高的同时，学生在更短的学习过程中享受到更多的乐趣。

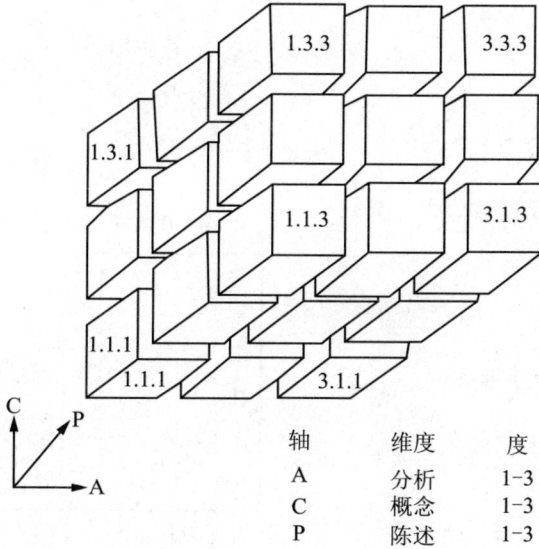

轴	维度	度
A	分析	1-3
C	概念	1-3
P	陈述	1-3

图 1-1 案例难度立方体模型

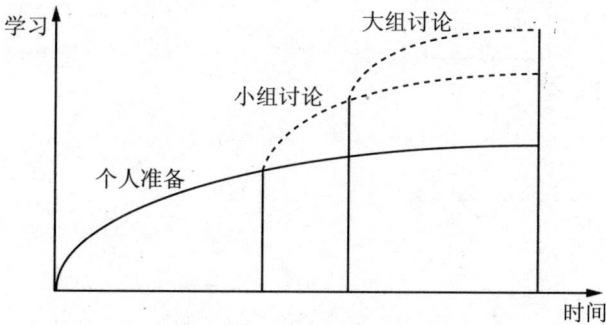

图 1-2 学习三阶段模型

3

案例标题：　　　　　　　　　　　　　　　　案例任务：

Ⅰ．短周期过程　　　　　　　　　　　　　Ⅱ．长周期过程（续）

　　　　　　姓名　　职位　　　　　　　　　　C．备选方案

谁：　　　　　　　　　　　　　　　　　　　　　1.

　　　　　　　　问题　　　　　　　　　　　　2.

是什么：　　　　　　　　　　　　　　　　　　3.

为什么：　　　　　　　　　　　　　　　　D．决策标准

何时：　　　　　　　　　　　　　　　　　　　1.

　　　　　　案例难度立方体　　　　　　　　　2.

怎么办：（_____、_____、_____）　　　3.
　　　　分析　　概念　　陈述　　　　　　E．方案评估

Ⅱ．长周期过程

A．问题

当前的	基本的
1.	1.
2.	2.
3.	3.

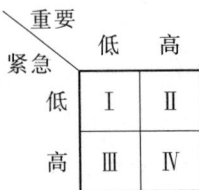

定量	＋		N			－		
定性	＋	N	－	＋	N	－	＋	N	－
决策	行	行	？	？	不行	不行	？	不行	不行

F．较优方案

预期结果

　　G．行动和执行计划

　　　　　　　时间

　　　　　　里程碑

谁

是什么

何时

何地

怎么做

缺失信息

假设

B．案例数据分析

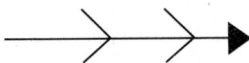

图1-3　案例准备图表

　　《毅伟商学院案例教学》中的目标对所有教师都是一样的。高质量的案例教学需要大量的准备工作、缜密的思考和极大的个人承诺。本书试图就教学任务、节省时间和提高效率几个方面为案例教学的新手和老手提出有条理性的建议。本书直接应用到《毅伟商学院案例学习》一书中提出的核心概念，并加上案例教学计划作为一种简单的工具，以便教师能够集中注意力。

　　我们建议读者从《毅伟商学院案例学习》开始研究。《毅伟商学院案例学习》一书可以轻松快速阅读，并且，由于教师的课前准备与一般案例参与者的课前准备的着手点是完全一样的，因此可以把《毅伟商学院案例学习》当成《毅伟商学院案例教学》的先决条件。另外，教师必须全面了解学生是如何进行案例学习的，才可以采用案例教学法进行教学。本书绝非《毅伟商学院案例学习》一书中内容的重复，而是相辅相成的姊妹篇。

　　《毅伟商学院案例学习》中提出的某些观点将在本书中得到强调。为简洁起见，本书将不再讨论案例、案例教学方法和在其姊妹篇中涉及的其他主题，关注点则是教师在案例教学中的角色问题。表 1-2 简要概括了《毅伟商学院案例教学》和《毅伟商学院案例学习》的整合关系。

表 1-2　案例学习与案例教学的整合关系

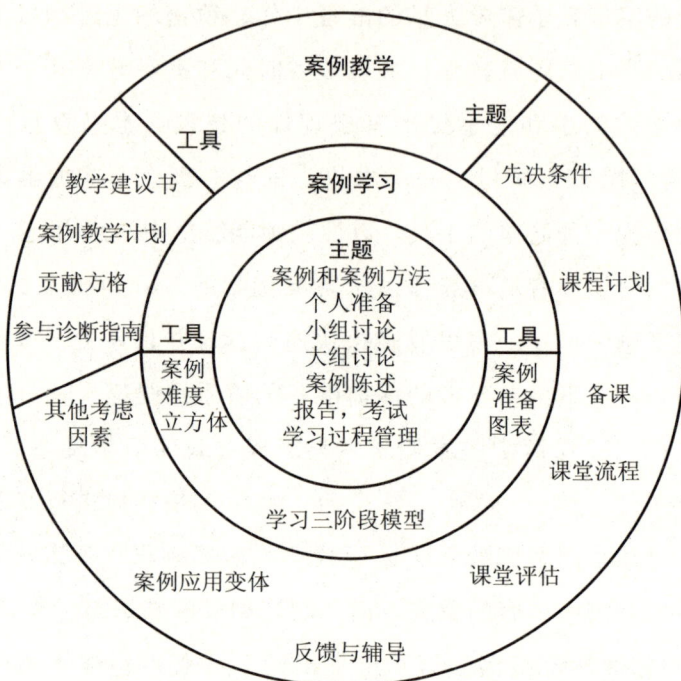

案例教学的信息需要

　　"我真不知道该如何着手。"这几乎是每一个案例教学新手逢人必说的话题。结果经常是很难找到惺惺相惜者。某些了解案例教学的教师深谙其中甘苦，"要么戏水，要么溺水"。很多人相信这就是学习的唯一方法。在案例教学法还很大程度被局限在北美几所学校的时候，"要么戏水，要么溺水"的说法尚可接受。但是，案例教学法再也不是少数精英的教育手段，而是很多教育工作者必须面临的最基本的挑战。案例教学可以让学生在下列几方面受益：①参与对相关实际问题的分析和解决方案的讨论；②把理论应用于实践而不是死记硬背；③在"干中学"，在"教中学"。另外，案例教学要求教师与学生合作，角色定位为学习的引导者而不是圣贤。

案例教学手段的应用持续增长，几乎在世界所有的角落风行。其应用范围囊括工程学、社会科学、医学、教育学、经济学、数学、法律、计算机和精算学、酒店管理和娱乐业、农学、护理学、神学和与教育相关的其他领域。在职的和企业内部人员发展项目跟管理培训项目一样，也不断地增加案例教学手段的使用。大家如此广泛关注案例教学，意味着我们必须在案例写作、案例学习和案例教学方面共享信息；也意味着对胜任此工作的教育工作者需求的增加。

今天的学生无论年纪大小，都依赖参与式教育方式，再也不满足于扮演被动的知识接受者的角色。人们高度关注教育流程本身，教育流程也必须满足其客户的需求。就是说，主题可以吸引学生选择某门学科，但学习过程才是留住他们的手段。如何让教育流程生动有趣、吸引听众一直是世界上那些最尖端的视听娱乐媒体公司急于解决的问题，对今天的教师而言，此困难非同一般。

术　语

在本书中，教师、导师、讲师、教授、引导者、教学人员、教育工作者、案例引导者、培训师或者主持人指的是那些对指导某个项目、课程、班级、研讨会或工作坊负有责任的人员。学生、参与者或者班级成员是指选修这门课程、参与这个研讨会或者工作坊、教育项目的小组成员之一。为了避免千篇一律，这些术语将在文中交替出现，并且，其含义在上下文中都很明确。

案例，是对实际发生情况的描述，一般涉及某个组织里一个人或者多人面临的决策、挑战、机会、问题或难题。案例以实际的现场数据为基础，可以通过实际公布的数据求证，不是空谈或者无中生有的小说故事。

本书的一般性假设是，案例以印刷形式出现，以区别其他诸如电影、录像或光碟等形式，因为比较而言，印刷品保留了它的价格优势及便利性。

本书以面对面互动的课堂教学方式为讨论重点，以区别于视频会议或网络教学。

案例方法

术语"案例方法"对于不同的人来说，有不同的理解。

我们认为，这可能涉及四个方面的语义难题，可以通过下列问题揭示：①案例方法包括哪些内容？②案例方法是否需要一种特定的教学风格？③案例方法是否有最低的案例数量要求？④案例方法是以课程、项目还是机构为背景？

1. 案例方法包括哪些内容

对案例教学法的模糊认识大抵来自这样的疑问：其他的教学理念和技术是否也可以结合案例教学法一起使用？比如，采用案例教学的教师是否也可以把讲授、问题、练习、体验学习、问题导向学习、项目导向学习、协同学习、模拟学习、游戏、影视、实地考察、报告或其他学习/教学方法结合起来？答案是肯定的。多种方法的结合不仅是可能，而且，对丰富学习体验还大有裨益。不过，我们认为最好称之为案例教学，因为大部分的课堂时间是用于案例讨论的。

2. 案例方法是否需要一种特殊的教学风格

关于非指示性教师的神话是得到广泛认同的，无论教师是主动型还是被动型。按此神话，学习的责任完全放在了学生肩上。教师的任何干预都被视为是对整个学习流程的违背。

在现实中，我们发现大部分教师倾向于在课堂上采取比较积极的态度教学。案例教学法并没有把教师限制在单一的教学风格中。

3. 案例方法是否有最低的案例数量要求

一些教师每年的课程教学仅仅采用一两个案例就宣称自己采用了案例教学。这是否就是所谓的案例教学呢？一般而言，我们认为如果有"案例教学"这个说法，则案例教学的比例应该是宁多毋少。

4. 案例方法是以课程、项目还是机构为背景

至今，我们假设的案例方法背景乃是基于一门具体课程之上。也有部分人认为案例方法只能在项目背景中采用。因此，在一个项目中，除非每一门课程都采用大比例的案例教学，否则，没理由称之为案例方法。

项目背景的支持者认为，项目中所有的教师必须互相合作、取得协同效应，才能使案例方法得到有效实施。缺乏类似的合作

手段就不大可能成为"案例方法"。一个项目可能包含对本科生、研究生或者管理者的开发教育。时间跨度可能长达数年，或者短到数日完成。

另一种观点延伸到了机构背景。例如，可以把整个机构纳入教学管理的范畴，规定在机构中，哪些项目或课程需要采用案例教学。实际上，这样的机构是存在的，自称为案例方法学院。对这些学院内部操作流程不熟悉的人们感到困惑的一个原因是，他们总是假设这些学院的课堂 100％ 用于案例讨论。另一个困惑原因来自这些学院的内部成员，因为，除了案例教学，他们也采用多种其他教育方法。他们这样辩解，"因为我们被标签为案例教学学院，而且我看到大家采用了任何可以想象得到的教学方法，那么，案例方法应当包括所有这些手段"。

一些案例方法的信奉者坚信，一个机构只有做到下列几点，才可被视为进行了案例教学：①参与了新案例的写作；②配备有利于有效的班级和小组讨论的物理设施；③足够的个人准备和小组讨论时间安排；④承认案例教学和开发是重要的学术贡献。

哪怕是针对这部分人，困惑还是存在的，那就是他们也无法界定到底采用多大程度的案例教学，才可以实现课程、项目和机构的教学目标。

案例教学

因为案例方法因人而异，所以，我们就选择"案例教学"作为本书的书名，以便所有的案例运用者都可以接受。本书的目的是给所有对案例教学有兴趣的读者提供帮助。我们的假设是，要进行案例教学，每一个人在每一门课程中必须至少要用到一个案例。另一个假设是，某一门独立课程一样可以采用案例教学法。我们意识到，如果只有一门课程采用很少比例的案例教学，则案例教学法的某些好处可能无法在一个机构里得到体现。我们还意识到，让一个项目或者机构承诺使用案例教学是有可能的。我们愿意保留把与课堂上采用案例有关的所有活动称为"案例教学"的说法。我们也愿意把问题讨论、电影、讲授、模拟、商务游戏、课堂讨论、答问时间、实地考察、学生演示、阅读以及其他所有的教育技术手段按照他们自己的名称来称呼。

班级规模

如果教师要合理采用案例教学法，是否需要班级满足最低的学生人数要求？另外，案例教学班级人数是否有上限，超过这个人数就无法实施案例教学？回答这些问题的指导原则是，在既定的时间里，能够有效参与案例教学的学生人数最多有多少。从某种意义上说，这不仅是课堂时间长度的函数，也是课堂数量的函数。课堂时间越长，课程的案例比例越高，则班级的学生人数有可能越多。一般而言，下限接近12人，上限可以接近100人，理想的班级规模大概在20～60人。

材料的组织和陈述

本书结构清晰，以便其核心内容的编排能够按照教学时序进行，即备课、课堂教学到课后评估。其他主题诸如先决条件、课程计划、反馈与辅导等将围绕这个核心展开。对于已经采用过一些案例的现有课程，授课新手可以集中在有关先决条件、备课、课堂流程和评估的章节。运气差一些没有提前计划课程的教师可能希望加上课程计划一章。对于经验比较丰富的案例教学教师来说，案例运用变化、特别考虑的问题和结论等章节将会深化其视野以增加其经验。

第二章介绍先决条件，这是有效案例教学的基本组成部分。

第三章主要讨论课程计划，介绍在决定教学目标、案例选择、概念性/理论性材料、界定绩效评估方法涉及的各种困难。

第四章介绍如何进行案例教学备课。经验丰富的教师能够意识到每堂课的全面备课对案例教学的重要性和必要性。然而，案例教学新手有时会对如此高强度的案例备课工作感到诧异。本章的目的是为了给《毅伟商学院案例学习》中的学生"案例学习准备表"做补充。

第五章重点放在案例课堂教学。这是课程计划和课前准备开花结果的地方。本章从一个班级的示范课描述开始，对多种案例教学的形式和做法进行了讨论。本章确认了案例教学的正常时序，接下来的部分包括提问和解答、对参与流程的管理、对参与问题的处理。

第六章针对课后评估而写。评估包括参与者评估、案例教学计划评估、材料评估、个人评估、课堂评估、教学建议书回顾。

第七章，反馈与辅导，帮助教师处理学生绩效问题。本章也讨论案例考试、课程评估和教师反馈等问题。

第八章覆盖了采用案例教学涉及的几方面问题，无须每天都使用，但是，要用之有效。案例使用变化包括：案例陈述、案例报告、角色扮演、案例格式变体、课堂访问者、团队教学和实地考察等。

第九章着重讨论特别考虑的问题，包括以前完全没有讨论过的话题，如教师培训、多元化管理、学生投机取巧、在非案例教学环境中采用案例教学等。

第十章从运营的角度对案例教学面临的问题进行总结。

结　论

纵观全书，显然，处理案例教学内在问题的方法五花八门。每个教师需要做的就是找到自己的"舒适区"。案例教学法为完成教学任务提供了多种手段。其挑战是要找到一种适合科目、适合学生也适合教师的教学方法。我们确信，案例教学有基本规律可循。这些规律包括：注意先决条件、合理的课程计划、课前准备；按计划实施教学并符合教师自身的性格；持续的评估和反馈；严格、幽默和多样化手段的完美结合。这些基本规律将长期保障案例教学的效率。努力工作和愿意尝试总会有所回报。几乎没有任何案例教学教师因为具备超凡的人格魅力和一流的智慧，能够在成功必须经历的整套任务中走捷径。

很多案例教学培训项目采用了本书内容。经验表明，不少教师相信案例教学方法也可以通过向别人学习而获取。案例教学法的"神秘"面纱可以揭开。案例教学的新手应该坚信，所有人都碰到过同样的问题，但一些很基本的错误是可以规避的。在本书中，我们将努力阐述案例使用中固有的多样性和丰富性，同时深度关注学生在学习过程中的兴奋点。

第二章　案例教学的先决条件

在《毅伟商学院案例学习》第一章中，我们给案例课堂教学拟定了一套全面的基本原理，并提供一份目录，详尽列举由案例教学发展而来的不同方法和技巧。这是对这种学习理念提供智慧贡献的一个步骤。案例教学的参与性特征要求参与者必须具备深刻的理解力，了解如何实现案例教学的效果。它总是开始于对所设定的时间及努力的承诺。首先，物理设施必须有利于案例教学。教室的布局必须能够鼓励学生的参与。其次，必须提供工具让教师很快知晓学生的名字，同时，让学生之间很快互相熟悉。案例教学法没有匿名者的藏身之地！最后，资料必须到位。学生必须持有案例以提前做准备。无法满足这些先决条件或者不愿意花费时间来满足这些要求，案例教学将无法取得令人满意的效果。本章将分别讨论下面这三个先决条件：物理设施、参与者身份识别和材料后勤保障。

物理设施

教室的物理布局

合理的教室物理布局对案例教学意义非同小可。合理物理布局背后的基本原则很简单，即所有的参与者包括教师，必须很容易看到对方并很容易听到对方的发言。如果教师无法确认是谁在发言，学生无法确认或者面对参与讨论的学生，有效参与中就出现了大障碍。很多教师可能在非案例教学教室进行案例教学，下面将对教室的物理布局提供一些参考意见。

大多数大学和教育机构里（或者宾馆里的会议室）传统的教室是这样设计的：一个矩形房间，窄端放置讲台或桌子和黑板，面对讲台的是一排排的座位桌椅（图2-1）。作为单向沟通，如基本任务是学生聆听发言者的讲授，则这样的布局是有效的，但也许不是最好，因为，后面的学生有时很难看见发言者或者听到他的声音。

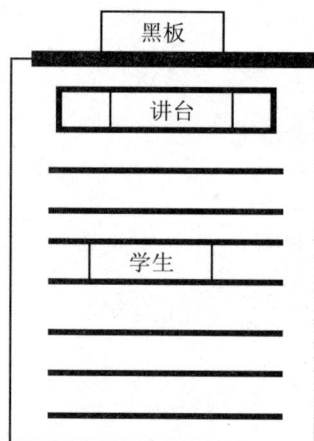

图 2-1　传统教室布局

从案例教学角度看，这种布局会带来许多难题。因为案例讨论需要双向沟通，后排的学生很难跟前排学生交流。同样，如果后排的同学发言，前排的则很难回头观察。这种布局不恰当地强调了教师的中心地位，对参与者的重视程度不足。

对人数不多的案例教学而言，教室的理想布局是完全的圆桌围坐（图 2-2）。围坐意味着每个参与者机会平等，为每一个成员提供完美的视线，可以进行面对面沟通。

桌子

图 2-2　小班案例讨论理想的座位安排

其他种类的变化方式也是以围坐为主导。例如，可以采用正方形或矩形布局。实际上，六角形或者八角形都比正方形或者矩形好，因为前两者都能够给参与者提供更好的视线。（图 2-3）

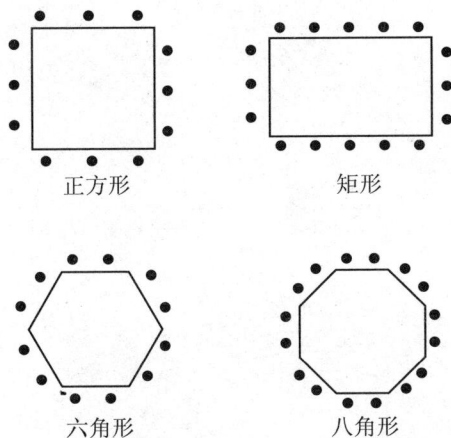

正方形　　　　　　矩形

六角形　　　　　　八角形

图 2-3　围桌方式的变异方法

不幸的是，随着参与人数的增加，圆形及其变化形式的缺点开始暴露。桌子的尺寸是有限的。人数越多，他们之间的距离也就越大。桌子间的无用空间变成了沟通的屏障。

如果人数更多则必须要考虑别的布局方式。比如，可以采用类

17

似剧院的布局，最好有斜坡，多样化安排座位（图 2-4 和图 2-5）。椅子必须为活动型，至少可以转动，这样，前排的学生就可以转身跟后排的学生交流。学生前方的桌椅也需要留有空间，既让学生感觉舒服，也能让学生放置案例材料、手提电脑，做笔记等。这种桌子的深度应当比一般的印刷案例稍大，约 14 英寸或 35 厘米就可以了。最好采用弯曲长凳（图 2-5）而非直凳（图 2-4）。弯曲长凳可以让同排座位的人互见对方。

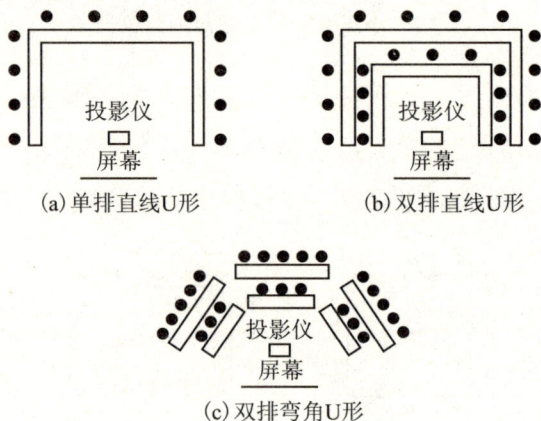

(a) 单排直线U形　　　　　(b) 双排直线U形

(c) 双排弯角U形

图 2-4　椅子和凳子布置

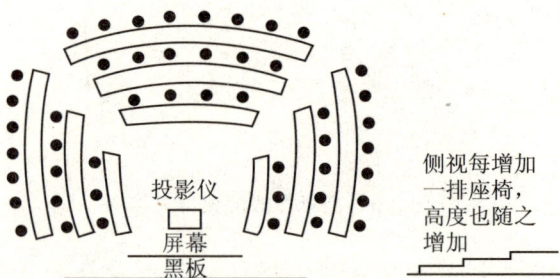

图 2-5　弯凳和椅子布置

为了保持视线通畅，后面加上的座位位置必须比前面座位的位置高（图 2-5）。因此，一个教室能够容纳的座位排数是有实际限制的，一般最多排数在 4～5 排。

有时候也会采用小桌子，参与者围坐四周。宾馆里的短期研讨会就经常采用这种有效布局。同桌小组同时也组成了讨论小组（图 2-6 和图 2-7）。

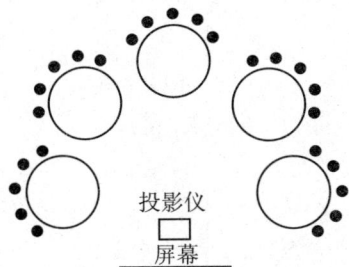

图 2-6　可能的圆桌布置图　　图 2-7　可能的长形桌布置

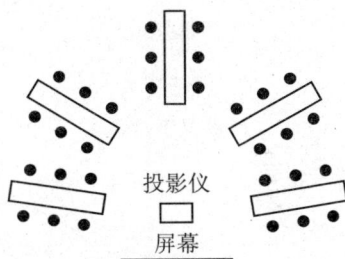

大多数"案例学校"都有按案例教学方法特别设计的教室。本书末尾部分附录 1 中收录了实践证明行之有效的 44～71 个座位的案例教室设计图。

适应不理想的环境

许多学校在将传统教室（图 2-1）改造成讨论型教室（图 2-8）的试验中都取得了成功。其中一种方法就是将传统教室中原来放置在窄墙面上的黑板（白板、绿板）移至宽墙面上。另一种选择就是再加两块黑板，其中一块放在角落。

大多数的"案例教学学院"把教室设计成适合案例教学的布局。本书后面的附录 1 给出了可以容纳 44～71 名参与者的教室布局，这种方式被证明为有效的案例教室设计。

19

选择 1

（a）修改图 2-1 将

黑板置于宽面墙

选择 2

（b）修改图 2-1 将

黑板置于边角

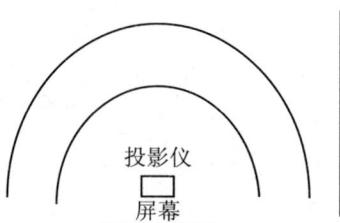

选择 3

（c）修改图 2-1 的简便方法，只移动椅子

图 2-8　传统教室修改方案

对非理想环境的调整

不少学校成功地将传统教室（图 2-1）改造为更加适合于案例讨论导向的布局（图 2-8）。方法之一是将在传统教室短墙边上的板（黑板、白板或绿板）改换安置到长边上。第二种方式是再加上两块黑板，其中一块放在边角上。

如果学生的单独座椅没有被固定在地板上，则可以采用第三种选择，就是将椅子转 180°。如果配备投影仪和屏幕，即使教室长边墙面不安白板，这种方法也是可行的。

有时，教室会由于人数太少而略显空旷，这也会带来沟通障碍。教师必须坚持让学生坐得近一些，营造紧凑的环境。

如果教室太窄学生太多，又没有更大的教室选择，则可以考虑将学生分成两批或多批上课。

习惯在豪华的"理想"案例教学教室上课的教师，往往对离校教学环境无所适从，在宾馆里的教学尤其如此。很难找到合适的人员把它布置到人人可以互相看见对方的布局。因此，在这样的课程开始前，教师必须预先考察教学地点，并对座椅安排进行必要的调整。很重要的一点是，应该把教室前面把教师和学生隔离的家具挪开，只保留供教师放置资料的讲桌。

尽管所有的东西都摆放到位，教师必须在第一次课前到教室找"感觉"，了解其布局，以便明确在讲授过程中如何自在地移动和走动。

黑板、图表和屏幕

案例课堂讨论的参与特性也需要配备黑板、图表或屏幕，以提供可视记录来促进讨论。

传统教室一般会配备黑板，教师可以在上面记录并追踪讨论结果。多年以来，黑板逐渐为绿板、蓝板或白板所取代，而且配以滑动装置。污染严重的粉笔也让位于色彩缤纷、容易擦除的白板笔。而且，这些品种繁多的记录板或活动挂图正被投影仪取代。投影仪的应用，让教师不再背对学生。课堂记录机制也随着新技术和电子教室的就位不断进化。

课前，教师必须仔细检查投影设备、板书设备、书写纸张和采光情况。现代化教室一般会设有控制板以便教师对电子设施、采光和声音进行控制调节。

小组设施

另外一个关注点是适合小组或学习团队讨论的空间。在《毅伟商学院案例学习》中，我们讨论过在案例学习三阶段中，小组讨论在个人准备和大组讨论之间存在至关重要的链接关系。然而，实现这个重要学习阶段所需要的空间和时间，往往留给参与者来安排。

这类规模不大的小组在寻找会议地点时有一定的灵活性，不过，对于学院而言，重要的是必须提供带有记录板的案例讨论室供参与者预订。这些小案例讨论室不仅强调了小组讨论的重要性，也为夜校或在职项目或内部培训项目参与者提供方便，因为，平时这些同学很少有机会互相接触。

如果实在找不到另外的教室，教师有时候也不妨应用大教室来进行小组讨论，哪怕这样做效果不一定很理想。

人们很容易低估合适的物理环境对案例学习过程有效性的影响。任何一个想在课堂上采用案例教学的教师都必须首先确保物理设施已经令人满意地布置好。教师将不得不大力发挥其独创性，以满足这个有效案例教学的第一个先决条件。

参与者身份识别

"后排戴眼镜的同学，我们可以开始上课了吗？"

"喂，第三排左二的那位同学，你对这个问题有什么看法啊？"

"留胡须、穿黄 T 恤衫的那位同学，请你对这发表一下意见。"

对于专业的案例教学教师而言，在一个运作良好的案例课堂上，这种交流方式非常忌讳。教师的责任是，必须以最快的方式认识所有的学生，就是说教师必须能够在课里课外叫出任何学生的名字。这也意味着，在可能的条件下了解每一个参与者的背景资料。在案例讨论中，学生不是一个数码，不是匿名人，也不允许在课堂深藏不露。学生和教师有同样的责任互相认识对方。为此，可以采用一些辅助措施，经常采用的手段有下列几点：

（1）个人资料表。个人资料表是辨认学生身份非常有用的起点。这些资料可以在学生注册时或者课程初始阶段获取。典型的个人资料表样板如表 2-1 所示。

（2）座位牌。座位牌，也叫位置牌，它是非常棒的辅助工具，可以搁置在每一个参与者的座位前方。这些座位牌可以用纸或塑料制作，可以很粗糙也可以非常专业。关键是要容易辨认。最简单的方式是用硬纸板做成矩形，然后折叠为二。课后教师可以收回座位牌或让参与者带回，供下堂课使用。

对于管理人员培训项目而言，座位牌除了写上姓名，有时可以加上公司的资料，最好两边都有字样，以便后排的参与者也可以知道是谁在发言（图 2-9 典型的教室座位牌样式）。

表 2-1　个人资料表
MBA 学员简历
（请勿附加另外纸张或在本表背面写字）

先生□　　女士□

名字：（姓）　　（名）　　（字）

教授和同学将您称呼为名：

婚姻情况：　　　　　　配偶姓名：　　　　　　孩子数量：

到今年 9 月 15 日的年龄：

毕业后，你对哪个领域的工作感兴趣？

请陈述选择读 MBA 的理由：

出生地：　　　　　　学生情况：　　　加拿大公民：　　　落地移民：

签证：

第一语言：　　　　　　其他能流利运用的语言：

国际经历：

教育：　　国家：　　　　　　　　　　时间：

雇用：　　国家：　　　　　　　　　　时间：

旅行：　　国家：　　　　　　　　　　时间：

教育

大学	地点	从	到	授予学位	专业

雇用经历

估算你就读 MBA 前全职工作经验的全部时间		年：　　　　月：	
雇主	地点	工作职位	雇用时间

课外活动（包括非学术兴趣）

活动/兴趣/爱好	地点	职位	日期

名牌前视

约翰	约翰·史密斯	约翰·史密斯 纽约罗卡公司
名	姓加名	姓名加公司、地址

名牌后视

	约翰	约翰·史密斯
空白	名	姓加名

名牌托架

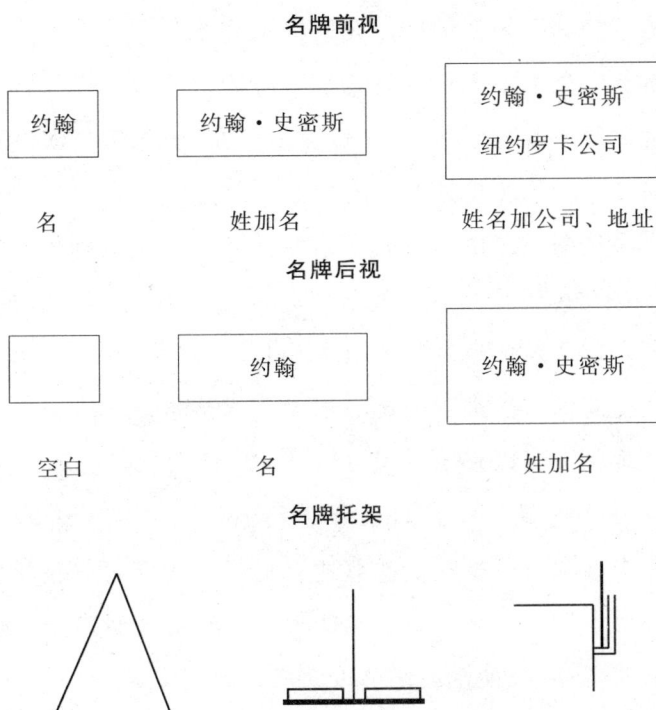

图 2-9　典型的教室座位牌样式

（3）姓名牌。当学生离开课堂，挂在脖子上或别在衣服上的姓名牌是很好的辨认工具。在管理培训项目中，姓名牌基本上要在整个过程中佩戴。

（4）课堂上的自我介绍。课程或项目的第一次课要求参与者做自我介绍，突出这样的观点，"在这个课程中，每一个人都很重要，每一个人都要参与发言"。

（5）相片。可以通过两种形式的相片辨认参与者。个人相片可以在注册时获得。有时相片的质量和年龄一样存在很大的差别。而且，人权法律规定可能让人不易获得相片。标明每一个同学座位的教室相片，对获得学生最新版相片会有很大的帮助。教

25

师和学生可以在此班级相片上辨认同学，同时辨认教室里的座椅安排。最好能够把类似的照片张贴在教室里供学生参考。最理想的办法是给学生人手一份这样的照片资料。可以用电子照相机照相后，把班级照片电邮给每一位学员。如果没有专业摄影师帮助，不妨让自己的相机派上用场。

（6）布局图或座位安排表。最便捷的方法是教师把教室布局图（图2-10）传给全班，让每一个同学在上面写下自己的姓名，然后整理、复印，传到每一个学员手上。

上述所有的方法都很明确、形象，直接告诉学生身份确认的重要性。教师还可以采用下列方法协助确认学生身份。

（7）坐在后排座位。对某些项目来说，如果一个教师在授课，另一个教师可以坐在后排观摩。此时，教师可以把学生的个性在布局图上记录下来，帮助确认学生。经验表明，60名学生的身份确认花费80分钟左右便可以完成。

（8）参与社交活动。课间茶歇、午餐、社交活动以及其他师生互动的集会都是辨识参与者身份的好机会。

（9）亲自到办公室造访。学生到办公室造访教师也是一个师生互相了解认识的方法。

（10）小组拜访。对于需要正规学习小组、而且提供这样空间和机制的项目，教师可以到不同的小组拜访，以便认识学生。这种访问的好处是可以加强小组价值。（参考《毅伟商学院案例学习》第四章）

一般而言，可以综合上述的各种手段来帮助学生身份的确认。

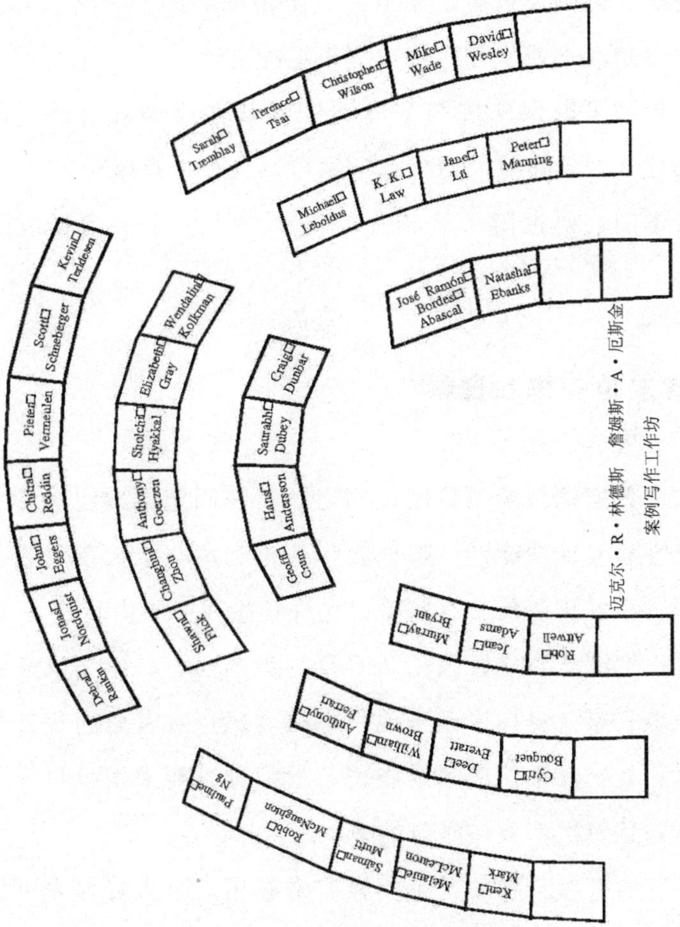

图 2-10 典型的教室布局图

案例教学学院典型的参与者识别程序

案例教学学院中，让教师熟悉学生典型的程序如下：上课之前，学院会召开一个接待会，每一个学生都佩戴胸牌。在这里，教师可以跟许多学生进行非正式会面。

27

每一位教师还被指定充当某一小组的导师。开学后几天，教师可以单独会见或一起会见这个小组的学生。

座位牌可以预先按照字母顺序或其他决策规则认可的如性别、文化或经验排放。另外，学生可以自行选择座位。

开学前，要把附带有相片的每个学生的个人数据表提供给教师。

参与者座位安排和资料

大多数案例教学项目座位固定，名牌固定，方便对参与者评估，也容易发现缺课者。部分教师甚至利用与个人资料表一致的字母顺序来安排座位。有些项目允许学生在一年内转换3～4次座位。对于把课堂当成管弦乐队看待的教师而言，座位缺乏持续性无疑是个灾难。对指挥家来说，小提琴部每次音乐会都转换位置意味着什么？如果无法固定座位，教师可以要求学生每次都带好名牌，并且每次都放在座位前。

了解所有参与者的背景资料非常有用。个人资料表可以协助教师备课和上课。点谁的名，按照什么顺序点名也很重要。某一位参与者的背景可能与某一个特定的案例相关。教师可以利用这些信息找到谁是其中的"专家"，如律师、银行家或工程师，以便在适当的时候提问。因此，建议教师事先要尽快了解学生的背景，利用他们的经验促进课堂教学。

哪怕是短期课程、研讨会或工作坊，教师也有必要认真熟悉所有的参与者。最好的手段是让每一个学生进行自我介绍。如果没有座位牌，教师可以在介绍过程中制作座位牌和一份座位表草图。学生在忙于个人准备或小组讨论的时候，也正是教师了解他们名字的时机。这会给未来的教学带来很好的回报。

了解小组学生是很困难的过程，一些教师需要付出大量努力，但是，这些努力是值得的。没有学生身份确认，有效的案例教学无从谈起。学生的归属感非常重要。学生必须感受对自己、对小组的责任。他们同时也必须了解教师对他们的关心。

了解学生也有利于对他们进行评估。教师只有了解谁是谁，才可以对他们做出客观的评价。学生也获得明确的信息，他们不可以在课堂上躲避。

此外，对每个参与者了如指掌的教师也更容易得到学生的宝贵支持。上课不久就被叫出名字的学生无疑会印象深刻。"你怎么会知道我名字？"这是他们经常问到的话。

与合适的物理布局一样，合理的学员身份确认也是有效沟通的关键，所以，它被视为一种案例教学的基本先决条件。

材料后勤保障

案例教学背后的假设是能够获得可以采用的案例。在所谓的"案例教学学院"里，复印设施和订购程序经常结合起来，能够把学生获取案例的困难降到最低程度。

"欧洲案例交流中心"（European Case Clearing House，ECCH）通过"案例在线信息系统"（Case On Line Information System，COLIS）提供全球最完整的商务案例电子参考资料。"案例在线信息系统"内容包括来自全球最主要的案例制作管理学院的案例摘要和参考资料（附录 2），也提供个人提交的案例信息。

北美最著名的案例来源还是哈佛商学院出版中心。此中心出版大量的案例参考文献，包括几千个案例，其中有教学建议书、案例录像资料和精选的软件资料。西安大略大学的毅伟商学院是世界上第二大案例提供者，是加拿大最主要的案例提供者。哈佛和毅伟拥有一套最新系统，给教师发送电子邮件，为他们提供特定课程最新的案例资料。哈佛和毅伟同时也在其网站为注册学者提供免费下载的打有水印的案例资料。附录 2 提供了一份全球案例供应中心名单供参考。

预定案例的时间提前量会由于定量的大小、应用者所在地、案例资料来源、预定时间的差异而不同。在某些学院里，学生如何给案例资料付费显然是一件麻烦事，也成为案例运用令人厌烦的障碍。部分教师发觉直接从商业出版机构购买案例课本更加容易。案例书也许简化了获得资料的过程、降低了成本，但却也降低了课程调整的灵活性。

尽管新沟通技术的发明大幅度简化了人们获取案例的过程，但是，获取相关的案例材料供学生运用却并非总是那么容易。因为版权规定，教师根本不能改变现有案例中的任何内容以适应自己的需要。

从互联网上不仅可以获得案例，也可以获得教学建议书、同事支持和其他课程资源。例如，注册教师可以下载服务项目，获得案例全文和教学建议书，可以网上查阅，也可以下载和打印。教师也可以加入各种案例讨论小组或组织如北美案例研究协会（North American Case Research Association，NACRA）和世界案例研究和应用协会（the World Association for Case Research and Application，WACRA）等，参与他们的专业活动，分享专业知识和经验，跟世界各地的同行共同学习。

　　教师还可以自行撰写案例。每年四月的第三周和每年八月的最后一周，毅伟商学院都会为世界各地的爱好者分别举办"案例写作工作坊"和"案例教学工作坊"。（详见 http：//www. ivey. uwo. ca /workshops.）。《毅伟商学院案例写作》一书提供了一种被证明为快速有效的案例写作方法，并为世界上数千名参加过工作坊的案例教学教师所采纳。

　　第三章的"课程计划"将进一步介绍案例的选择观点以及获取好案例材料的困难。

结　论

　　案例教学需要满足以下三个先决条件。第一，必须确保物理设施能够适合大组和小组案例讨论的要求；第二，快速了解参与者；第三，按时提供案例材料。这些先决条件看起来相当简单，但是，如果重视不够，会产生严重的障碍。

第三章 课程计划

宏观上，案例教学的课程计划与非案例教学计划并不是存在很大的差别。课程计划流程的四个基本部分包括：①设定学习目标；②总体课程设置；③详细计划——课堂和材料先后次序安排；④设定学习效果评估方法。与之相应产生的具体问题包括：①哪些学习目标需要案例？②按照所有的课堂比例应该采用多少个案例？③具体案例是哪些？在课程哪个阶段采用？案例是用来介绍理论、概念、工具和技术或者以后用来实践应用？④课程评分中案例所占的百分比为多少？案例工作将如何评估？

设定学习目标

干中学（learning by doing）和教中学（learning by teaching others）是案例教学的两项基本原则，这两项原则会一直渗透到案例课程计划的教学目标中。没有案例教学的课程往往会把学习目标跟"案例难度立方体"中的概念维度相结合。例如："学生必须能够辨识本领域的主要理论观点并解释其中的主要差别。"

采用案例以及"案例难度立方体"中的分析和陈述维度使学习目标增多了。决策、沟通、信息处理和时间管理技巧更多地被人们感知为生活技能而非学术技能。这些跟具体的课程无关，而是跟学校或项目的理念和意图有关。坚持案例教学的教师必须面对现实，尤其在学生的准备时间和课堂时间都是固定的情况下，明确权衡取舍不可回避。给案例教学课堂布置的理论阅读材料不可能与非案例教学课堂的阅读材料一样多。严格的"成本－效益"分析是所有的案例课程设计的内在需求。课程设计者必须完全意识到决策所面临的取舍及其原因。

下面将确认案例教学固有的学习目标。第一，将学习目标与《毅伟商学院案例学习》第二章所讨论"案例难度立方体"相联系。学习目标同时也是《毅伟商学院案例学习》第二章所讨论的学习三阶段模型的组成部分。第二，学习目标也与《毅伟商学院案例学习》第三章所讨论的"案例准备表"有关。此外，学习目标还跟《毅伟商学院案例学习》第一章讨论的通过案例学习培养的八种参与者技能密切相关。

学习目标与"案例难度立方体"

学习目标与"案例难度立方体"的联系可以通过聚焦立方体的三个维度以及每个维度的难度及深度建立，这点在表3-1中总结。

概括而言，分析维度中的首要挑战是参与者把决策制定流程应用到某一具体情境的能力。在概念维度中，挑战是参与者把相关理论和概念，工具和技术通过正确的方式应用到具体的决策中的能力。在陈述维度中，挑战是处理数据的复杂性、模糊性和非完整性的能力，以及信息分类、确定、组织和优先的能力。

表 3-1　学习目标与"案例难度立方体"

分析维度
难度 1
学生必须能够评估别人做出的决策；评估决策对已确认的问题或事件的适用度；是否考虑了适当的备选方案以及是否应用了合适的决策标准；如果认为案例中的方案不合适，是否提出另外的备选方案；制订合适的行动和实施计划。
难度 2
学生必须能够对在重要性和紧迫性矩阵上确认的问题、决策或机会做出评估；在合适的地方评估因果关系；制定备选方案及决策标准，并能够选择最适合定性和定量分析结果的备选方案；制订行动和实施计划；确认遗失信息。
难度 3
参与者必须能够评估情景，确认困难、问题和挑战。从这里开始，学习目标与难度 2 中列举的一样。
概念维度
难度 1
不用在课堂上进行额外的解释，参与者也必须能将单个简单的理论或概念应用于具体的案例问题或困难上。
难度 2
通过一些课堂讨论、解释和帮助，参与者应该能够应用合适的理论或概念或单个复杂概念。
难度 3
参与者必须能够运用多种可能与案例问题相关的理论和概念。参与者也许需要听取课堂上大量的讲解和帮助以理解这些整合的理论或者解释整套理论中的复杂部分。
陈述维度
难度 1
参与者必须能够正确分析一个结构明晰、没有无关信息且信息完整的短篇案例，并以单一模式进行陈述。

续表

难度 2
参与者必须能够正确分析一个部分结构混乱、包含适量无关信息、部分信息缺失的中篇案例，并以单一模式进行陈述。
难度 3
参与者必须能够在合理的时间段内分析一个紊乱、带有很多无关信息、大量信息缺失的长篇案例，并以多样化进行陈述。

学习目标和学习三阶段模型

学习目标也可以跟学习三阶段模型联系起来。

第一阶段 个人准备

参与者必须学会如何在两个小时内，运用短期和长期流程分析方法，通过案例提供的信息来阅读和准备案例，并能够准备好一份"案例准备表"。参与者必须学会独立工作，并培养自信、时间管理技巧和批判性思维技巧。参与者也必须学会了解什么样的准备工作能满足下一阶段小组讨论的要求。

第二阶段 小组讨论

在小组讨论中，参与者必须能够对"案例准备表"上列举的任何问题提出自己的观点；能够理解、评估小组其他成员的贡献，并将别人有益的观点结合到自己的"案例准备表"中；通过专注于增值的想法，为小组的效率和凝聚力作贡献；有效地管理小组时间，维系小组士气和成员稳定；在这个阶段，每一个成员都要学会在小组或团队中高效工作，并提供有价值的思想，把别人有用的看法综合到自己的观点中；参与者必须学会了解什么样的准备工作能满足下一阶段大组讨论的要求。

第三阶段　大组讨论

大组讨论设定有很多具体的学习目标。显然，案例难度立方体、个人和小组工作的学习目标很多都在大组讨论中得到了强化。在适当的时间，如果被点名或者自愿发言，参与者必须能够贡献自己的看法；参与者必须积极听取别人的发言，根据自己的案例准备表评估班级的讨论情况；参与者也必须能够辨析其他贡献者与自己重合和相悖的想法；参与者必须能够更新自己的案例准备表；在大组讨论中，参与者学会与别人高效地合作，并根据大组的讨论结果检查个人和小组的学习成果；沟通技巧如批判性倾听、有效发言、评估别人以及学会利用别人的思想武装自己也是大组讨论不可或缺的组成部分。

学习目标和案例准备表

案例准备表有组织地总结了不同种类的学习目标。在长、短周期过程中，参与者都要处身于一系列鼓励学习的连续步骤，表 3-2 和表 3-3 对此进行了总结。

长周期过程是案例教学法的知识核心，主要关注陈述维度中的分析技巧、概念技巧和数据管理技巧。长周期过程的内容是小组案例讨论和大组案例讨论要花最多时间的地方。

表 3-2　学习目标和短周期过程

第二步	学习目标
谁/岗位	学会确认某一个人在组织中的具体岗位，并学会站在他人的角度看问题

续表

第二步	学习目标
做什么	学会确认与组织中具体岗位关联的决策类型，并熟悉与之相关的责任范围。学会熟练地识别问题和困难。
为什么	学会在一个特定环境中定义原因和结果，并界定事件的时间先后次序。
什么时候	学会制订时间计划，认知完成特定任务需要的时间以及具体时间约束。
如何	学会根据案例难度立方体的分析、概念和陈述维度评估一个案例。

表 3-3　学习目标和长周期过程

第二部分	学习目标
当前问题	学会识别和关注需要马上解决的问题。如果涉及特定组织环境下的多个任务，则应该学会对之进行优先排序。
基本问题	能够把当前问题放到一个更宏观的环境中考虑。培养概括能力。能够做出超越案例本身细节的决策，能够适用于课程内容和更广泛的实际生活环境。了解在特定的实际生活情境中各种基本问题之间的联系和互相影响。
重要/紧迫矩阵	能够在组织环境下评估某一个问题的重要性和紧迫性。能够对之进行优先排序并为最后备选方案的选择、行动和实施计划提供环境。
因果关系图	学会识别引起某一特定结果或成果的原因并对之分类。本图表是一个关键的分析工具，供需要改进管理状态的决策者使用。

续表

第二部分	学习目标
其他分析工具、理论和技术	学会运用特定课程中或与一般决策模型相关的额外工具、理论和技术。学会如何辨析不同理论观点在决策或存在问题中运用的准确性以及对概念应用的正确性。了解不同理论、概念和工具的用途和局限性。
备选方案生成	培养创造性技能，生成潜在备选方案清单。
决策标准	能够辨识与案例内容密切相关的定性定量标准，适合重要/紧迫性矩阵规定的评估方法。能够给定性、定量决策标准排出优先次序。
备选方案评估	能够对定性、定量权衡取舍进行评估，把备选方案和重要/紧迫性矩阵联系起来。
首选方案的选择	能够做决策。能够从分析模式转向决策模式。
结果预测	能够前瞻决策带来的结果，预测定性化、定量化结果。学会如何总结和评估最佳和最坏结果情形。
行动/实施计划	能够设计可以带来理想结果的系列行动方案。能够把财务、有形、人力和技术资源和带有最后期限的时间表结合考虑。
遗漏信息	学会识别遗漏的相关信息，评估其存在的可能性，收集的地方、时间以及相关成本，遗漏信息对手头计划和决策的影响。
假设	学会区分事实和假设，做出合理的假设。学会在信息不完全的世界里生活。能够评估假设对决策、行动和实施计划的影响，能够在假设不当的情况下做出其他备选方案。

学习目标和技能发展概览

《毅伟商学院案例学习》一书的导言提出了参与者必须具备的8项技能，他们成为采用案例教学法的理由。这些技能包括分析、决策、应用、口头沟通、时间管理、人际交往/社交、创新及书面沟通技巧。

可以把这些技巧和最后列在"案例准备表"中的"案例难度立方体"，"学习三阶段模型"和"短周期长周期过程"联系起来。表3-4对从上述三个不同角度来看，技能发展最可能在何处产生最大的影响的情况进行了概括。

表3-4　技能培养，案例难度立方体，学习三阶段模型和案例准备表

技能	案例难度立方体			学习三阶段模型			案例准备表	
	A轴	C轴	P轴	个人	小组	大组	短期	长期
分析	✓			✓	✓	✓	✓	✓
决策	✓			✓	✓			✓
应用		✓		✓	✓	✓		✓
口头沟通								
时间管理	✓	✓	✓	✓			✓	✓
人际交往/社交					✓	✓		
创新	✓	✓	✓	✓				
书面沟通				✓			✓	✓

以参与者为出发点

确认潜在参与者的教育、经验和文化背景非常有用。从来没

有使用过案例学习的参与者与拥有丰富案例学习经验的参与者情况非常不一样。同样道理，来自只有一家公司的参与小组（如内部培训项目）与来自多家组织背景的参与小组（如公共项目）的差别也很大。参与者的成熟度与经验也存在很大的关系，尤其与所学课程内容关系最大。同为市场营销案例课程，对非市场营销人员讲授与对营销专业人员讲授很不一样。

与参与者的教育背景也有关系。哪些概念和理论框架已经在课前搭建好了？参与者水平的定量、定性分析技巧在案例教学课程设计中也是必须考虑的因素。

约束

教师不得不在其教学环境约束的范围内设计课程。例如，课堂时间的分配、课时数、学生的准备量、教学设施、预算、学校对案例教学法的态度等都会给现有的可选方案带来影响。

一门课程学习目标设置的要点正如一句老谚语所说的那样，"如果你不知道要去哪里，每一条路便都是路"。时间约束、管理政策、学生水平、学生组合以及其他教师无法控制的因素将会切断某些道路，不过，很多其他路还会保持畅通，这完全取决于教师如何界定学习目标和优先次序。课程计划中这个工作做得越好，对教师和学生就越有价值。

整体课程设计

学习目标一旦设置好，就可以开始着手课程的整体设计。假设这两项工作存在先后次序之分或许会有些天真。看来大多数人可同时着手两件事，然后反复进行调整。整体课程设置的最终产品包括，按照主要模块设定的主题顺序大纲，加上每一个模块中的课时数和案例课时。例如，表 3-5 就提供了一份按照标题设计的一般课程大纲。

表 3-5　一般课程大纲

课程名称：

目标学生群体：

教育目标：

主题大纲	课　时	案　例
A. 导言	3	1
B. 主论题 X 次论题 1 次论题 2	7	4
C. 主论题 Y 次论题 1 次论题 2 次论题 3	7	3
D. 主论题 Z 次论题 1 次论题 2	8	5
E. 总结/复习	2	1

新课程设计

新课程设计一般从教师进行文献综述，而后选择与课程关系度最高的主题开始。如果希望在课程中采用案例教学，教师可以跟本领域中的专家请教，这样可以获得主要主题领域和潜在案例的宝贵指导意见。

和专家面谈也很有帮助，可以了解他们所面临的典型决策的频度和数量，这是他们工作职责的一部分。这些决策必须在课程案例设计者所选择的案例中得到反映。

课程重新设计

对大多数教师而言，新课程的设计很少发生。他们一般要做的是重新设计旧课程。

课程重新设计的范围大小取决于课程的成熟度。因为案例会过期，按照课程的维护标准，需要用新案例取代旧案例。课程结束后到底要更换多少案例，取决于教师和学生的偏好、相关领域的变化速度以及是否有合适的新案例供使用。

学生对特定课程部分、案例的反馈，平行课同行们的看法对课程的重新设计也有重要价值。

如果有多个平行课教师，课程重新设计就变成了一个小组流程，个人对案例的偏好是有差异的，也许要通过协商才能够决定应该采用哪些案例。在从来未采用过的案例和教师很熟悉如何教的案例之间进行选择，总会涉及权衡取舍问题。因此，为案例置换设定原则很有用处，比如：本门课程每一个案例龄期都不能超过五年，每一年全部的案例替换率必须达到20％。

除了课程中具体章节的布置，项目中不同科目安排的合理化原则和次序也是课程设计必须面对的问题，尤其是必修课程。例如，诸如相关成本和贴现现金流等概念和工具，一般应该在其他科目介绍应用和分析之前讲授。

哪怕主题大纲已经到位，每个主题的节数已经安排得当，我们还是无法明确课程大纲终稿已经符合课程的总体设计要求。详细计划开始后，可能会出现新信息而不得不进行变更。显然，主题的选择和每一个主题安排的课堂节数很难决定。这是一个不断试错的过程，可能会持续多年。我们必须不断质疑，保持警惕，以防落入自我满足的陷阱。

先修知识和技能成为重要模块次序安排的理论性逻辑基础。何时何处采用案例教学也同样基于同样的逻辑，同时也可能与此项目中其他教师的行为、合适案例材料的获得性、参与群体的类型和教师的个人偏好有关。

详细计划——课时排序和材料选择

详细计划本身与单个课时的次序安排和材料选择有关。在案例教学中，教师必须关注如何将理论和实践结合，将之应用到恰当的排序决策中。

把理论与实践结合到课程设计中

在商务教育中，一个长盛不衰的学术问题就是理论是否跟实践结合。完全保持理论、概念内容战略或者完全保持实践应用战略一直为各自的拥戴者所争议，但是，他们的争议在很多方面缺乏新意，没有什么结果。

争议不应该再落在是否把理论和实践相结合这点上，而是如何结合的问题。学生到底应该首先置身于几个案例中，认知几个实践问题后，才明确需要理论支持或者才总结出一套理论来，还是让他们先学习理论然后通过实际问题来应用理论？每种做法都各有内在的利弊，因此，成功的课程设计可能必须两者都包容。

材料选择

材料的选择和排序是互相依赖的决策。在本书中，尽管我们意识到还存在很多其他方法，但是，我们还是把材料选择的重点放在了案例选择上。例如，课堂讲授、阅读材料讨论、商务游戏、实地考察、学生陈述、视频录像、课堂访问者、模拟活动、练习、角色扮演、程序指令、项目等都是一些与案例或非案例教学一起运用的方法。

根据"案例难度立方体"的界定范围，案例的选择范围很广泛，同时，也包括连续案例或系列案例、例证性案例、历史案例、事件案例等。但是，并不是说所有这些案例都适用于全部的课程；也不是说，任何一门课程设计都应该把这些案例全部囊括在内。不过，按照前面提到的学习目标和主要概念模块原则，组合运用不同的方法完全合适，也有必要。第八章将就这些方法的短清单进行讨论。本章只讨论两类基本材料：案例和阅读资料。

案例选择

关于选择何种案例才符合某一门具体的课程需要，教师们有着不同的决策标准。这些标准包括：

1. 与课程框架吻合

2. 能在"案例难度立方体"找到对应位置

3. 可以用于教学或者说教师采用这个案例感到自如

4. 参与者喜欢或者感兴趣

5. 案例长度

6. 案例的前后次序

7. 案例的龄期

8. 定量或定性分析数量的要求

9. 花费在非案例材料或活动上的课堂时间

10. 在主题或时间方面，与同一参与者们所学的其他课程吻合

11. 对关键决策者、行业、地点或组织环境的定位

12. 其他人的建议

13. 任何对上述内容的综合

教师越是确信一个具体的案例符合具体的课程需求，参与者越会容易达成同样的结论。参与者如果觉得一个案例具有价值并且具有吸引力，则可以将之当成进入"学习三阶段模型"的重要动因。

参与者喜爱的案例

为一门具体课程选择合适的案例大大超越了一般的标准问题和行业、公司标准。参与者明白某些案例是值得记住的，另一些则不然。鉴于参与者的动机和兴趣是学习流程的重要组成部分，关注参与者认为对案例评估有重要意义的因素，会有助于他们完全接受一门课程。

可以把参与者认为非常有吸引力的高质量案例添加到案例准备表中。经过短周期过程后学生的第一反应，将会极大地影响他们认真准备案例的精力投入和兴奋度。

谁。如果参与者认为他们在离校不久或在不久的将来自己可以充当决策者，他们就会更加有兴趣。同样，如果组织本身就很有名，被尊重而且信息真实，这都是很积极的因素。如果案例发生地就是学生即将工作的地方，这也是很理想的选择。

什么。第一，如果案例的基本和当前问题与课程及学生的未来经验有关，学生会产生积极的反应。第二，要看一看问题的大小和刺激程度。账面亏损一百美元肯定没有账面亏损几百万美元那样刺激。第三，和涉及的产品或服务有关。营销一套新的电脑游戏案例，肯定比给九十高龄的老年人营销肝药案例刺激。讲述故事、情节生动有趣、人物栩栩如生的案例会更引人注目。

为什么。有明确的原因和行为激发出问题或机会的案例比原因模糊不清的案例更有趣味。一个重要的竞争行动、组织危机或者来自老板的要求案例更容易吸引参与者。

何时。围绕案例的时间和时机还存在着一大堆问题。一般而言，案例是越新越好。参与者出生之前的案例也许非常适用于教育目的，但是，会在欣赏角度落选。同样的道理，时间压力非常大的案例会比需要终极解决方案的案例生动。

如何。案例难度立方体的定位也会对学生的接受能力产生影响。学生喜欢短案例胜过长案例，喜欢结构明晰的案例胜过结构模糊的案例。过多的无关信息令人生厌，大量信息缺失逼人放弃，花里胡哨的格式枉费时间。显然，除非允许有充足的时间进行课前准备，否则，(3，3，3)类案例会备受冷落，另一个极端是，(1，1，1)类案例就显得意义不大。

长周期过程中的每一个步骤将决定着学生在案例准备中的持续投入强度。

重要/紧迫性矩阵。建议选择对组织重要的案例。尤其是与重要问题相比，紧迫性在某种程度上意义不大。宁愿花费充足的时间研究案例内容，以恰当地解决其中重要的问题，而没有必要走捷径。

因果关系图。如果案例能够给出足够的线索，扮演商务侦探会很有意思。管理的一个基本任务是诊断哪些东西没有按照计划实行及其原因，这点很容易得到学生的重视。

备选方案生成(Alternative Generation)。好的案例会产生非常不一样甚至相反的备选方案。有创意的备选方案比标准化的建议更加可取。

决策标准。与只需要达到财务目标的案例相比，需要认真优化定量和定性标准的案例更受推崇。

备选方案评估。需要进行决策的案例比"只谈论，不决策"的案例更可取，尽管部分学生可能对之发怵。包含有备选方案，且备选方案能令未来发生重大改变的案例也更受欢迎。

行动/实施计划。包含充足的信息，以便做出一个实际计划的案例更加可取。

遗漏信息。关键信息遗漏不多的案例更可取。

假设。允许参与者做符合实际假设的案例，比那些不怎么需要猜测怎样做更合理的案例要好。

样品、视频和外来听课者提高了案例的真实性、重要性和相关性。另外，活跃的教师也会极大提高案例的可接受程度。

不同的班级对每一个案例的反应是不一样的。课程或项目的时机、对案例准备产生影响的环境因素或班级的情绪都会很快改变参与者对案例的感知程度。作业问题和课堂教学方式的改变也会带来巨大的影响。很多教育背景中体验过案例教学的参与者，多年以后还能够记得某些自己接触过的突出案例，记得案例内容甚至教师的姓名。

总有某些案例比其他案例更值得记忆，这不是什么秘密。但是，一门课程如果只采用值得记忆的案例几乎不可能。因此，努力选择既切合教育目标又能给参与者留下印象的案例，是有效材料选择的组成部分。

案例选择和案例难度立方体

案例难度立方体可以为一门课程的案例排序和选择提供基本原理。某一个教师如果想在开始时就给学生一个下马威，可以选择一个超出学生能力范围的（3，3，3）类案例，在介绍课程的内容时提醒学生，"目前，你们还没有能力处理类似的案例，但是，修完课程你们就可以做到"。所以，可以用同一个案例来导入和结束课程，参与者可以据此来评估自己的进步程度。其他教师相信，案例的困难和挑战程度必须跟参与者的能力相匹配。开始时，可以采用(2，1，1)类案例，然后，根据三个维度逐步提高案例的难度。因此，选择的案例可以按照表 3-6 排列的次序进行。

表 3-6 按照案例难度立方体进行案例排行的课程大纲

节次	案例	节次	案例
1	2，1，1	8	2，3，2
2	2，2，1	9	3，1，1
3	2，1，2	10	3，2，1
4	1，2，2	11	3，3，1
5	2，2，2	12	3，3，2
6	1，3，1	13	3，3，3
7	2，3，1		

　　根据教师教学目标的不同，案例的组合方式也可以多样化。在课程的不同阶段，可以重复使用同样的模式进行回顾和强化。案例的难度可以通过三个维度的算术和计算。比如，总数为 3～6，意味着容易部分为 3，中等难度为 6。7～9 意味着案例位于(3，3，3)的上半部，显然难度非常大。

另外的阅读材料/数据收集

　　案例教学课程如果需要收集另外的阅读材料和数据，则必须以一样认真的态度进行选择和设计。由于很多教师比较熟悉阅读材料的选择和规范，所以，下面主要是讨论与案例选择有关的问题。

　　课程阅读材料经常与课程的理论目标相关。有时候，甚至可以找到与案例相近或基本问题完全切合的阅读材料。典型的范例是，某个案例的主要问题是如何将学习曲线应用到定价或排班实践中，阅读材料则刚好涵盖了学习曲线的理论知识或者制造进度函数。总是很难找到如此完美的切合，但是，附加阅读材料可能对整个课程而非对某一具体的案例有帮助。如果阅读材料和案例一起布置，则需要在案例准备时间上加上材料阅读时间。人们总是很关注如果总体时间要求超过参与者的预期或能力，权衡后往往出现反效果，要么就舍弃阅读材料，要么就舍弃案例准备。从教师的角度看，把阅读材料分为必读和选读也许是区分阅读材料关联性和重要性的一种方法。

需要从互联网或其他来源收集额外数据的案例，开拓了大部分标准案例所不具备的学习空间。能够进行原创性研究或数据收集本身也是一个很有价值的学习目标。不过，此时也要注意参与者的时间安排问题。

界定学习效果评估方法

课程计划中的第四种通用因素是对学习效果评估方法的界定。如果课程采用案例教学，作为课程的一部分，案例所占课程成绩的权重为多少？如何评估案例学习效果？本章将讨论与案例运用有关的效果评估的定义。第六、七章的主题内容为教师对案例成绩评估和如何提供反馈。《毅伟商学院案例学习》第五章讨论有关有效参与和无效参与的问题，并给参与者提供了很多参考例子。

无论采用案例教学与否，每一份课程计划和课程大纲都必须注明如何对参与者进行评分。假设人们承认案例教学，则第一个问题就是要问案例分数应该占课程总分的比例。最普遍的能够获得评分的案例活动包括课堂参与、案例陈述、案例报告和案例考试。

权重方案

分配给案例相关工作的课程权重存在很大的差异，这不足为奇。一般而言，课程中采用的案例数量越少，得到的分数权重越低。部分教师坚信，课程每一个部分都应该分配一个分数，以激发学生的学习积极性。其他教师则认为，这种强烈的分数挂帅会阻碍学生的有效学习进程。他们认为，假如教师能够对不同课程的每一个部分都能澄清其教育价值，则不应该过分关注分数。这两种观点都有推崇者，并能够根据自己的经验证明观点。因此，就成功应用而言，对路径的正确选择比对路径本身争议不休更加重要。

毋庸置疑，百分之百由案例构成的课程评分肯定是基于案例工作。哪怕如此，还是要解决课堂参与和案例终考之间分数的分配问题。假设所有课程的案例应用比率在 $0 \sim 100\%$ 之间，分数的比重应该多样化的，须根据课程目标、课程中案例的运用频度、案例在课程中发挥的作用等因素界定。

案例评分权重分配的第二个方面落在课堂参与和书面作业之间。课堂参与包括正常的小组或班级讨论以及案例陈述。书面作业包括上交的练习、案例报告和案例考试。

对课程中有关案例各组成部分分配分数的一个合理规则是，首先预估每个部分所需的参与时间总量，然后按照比例分配分数。值得注意的是，如果严格按照这个规则实行，则终考（案例考试）与正常的课堂参与比较（参阅第六章），其影响力将大幅度降低。

前面的几节课

任何采用一定数量案例教学的课程，如果参与者没有或者很少案例学习经验，把前面的几节课设计成课程介绍和案例教学法介绍则非常重要。一个有效的方法是，第一节课采用小的单页案例，一上课就发给学生，直接在课堂上跟学生讲授学习三阶段模型的内容。在参与者参与到每个流程之前，教师应该跟他们解释每一个阶段的某些要点。例如，在参与者进行个人准备之前，教师可以强调案例中站在决策者位置承担主人翁精神的重要性。可以在小组讨论之前解释小组讨论规则。在进入第三阶段之前，回顾对小组讨论的共性理解。此外，第一节课可能还要处理如下事项：①介绍、座位安排、名位卡、个人背景资料、班级照片；②课程计划、案例的数量以及采用的理由、何时、如何采用；③接下来几次课练习的具体内容。

部分教师倾向于在第二次课或者推后把课程大纲发给学生，在前面几次课把主要焦点放在建立案例使用和讨论的课堂规范上。前面几次课的课程计划核心决策是，如何在课程内容和案例学习流程两者之间分配时间。有些教师这样说，"直到开始讲解内容，我才知道前面几次课给浪费掉了"。在前面几次课中，其他教师仍然能在讲授一些基本学习方法的同时，讲授学习流程的参与内容。

正确的开始非常重要，因此，谨慎计划如何开始上课才是合适的做法。参与者会很快感受到某些课堂规则，如：教师公正吗？教师是否知道自己在干什么？是不是要求每一个人都要参与？哪些意见是可以接受的？哪些不可以接受？

根据我们的经验，《毅伟商学院案例学习》一书可以帮助参与者尽快了解案例的用法。如果把课堂分为三个模块，第一次课可以用来介绍"学习三阶段模型"（Three Stage Learning Process）和"案例难度立方体"（Case Difficulty Cube）模型；第二次课介绍"长期和短周期过程"（Short and Long Cycle Processes）和"案例准备表"（Case Preparation Chart）；第三次课介绍课堂参与要求。第一次课采用单页案例，第二次采用三页案例；第三次采用五页至六页案例。

课程计划的传达

大多数教师相信，要让学生了解具体的学习领域和范围，一份详细的课程大纲不可或缺。

课程大纲一般包括下列内容：

- 目标听众
- 课程要实现什么目标
- 如何施教
- 如何评估效果
- 满意效果的标准

- 最终的分数如何决定
- 根据主要模块和课堂次序制订的课程计划
- 案例和其他作业

在采用案例的课程中，课程计划必须说明采用案例的原因，学生如何做准备并参与到学习三阶段模型中。

教师经常在第一次、第二次或第三次课中把课程大纲发给学生，并安排课堂时间让他们适当地讨论其中的关键要素。

结　论

对大多数人而言，课程计划流程很难做好。多数教师愿意能够超额完成任务，所以，决定舍弃什么与保留什么同等重要。这个问题没有现成的简单解决方案。显然，课程设计任务是在学习目标、总体和详细计划、材料选择中不断重复的。权衡取舍是这类流程无法回避的选择，如果是小组备课，可能还得进行协商才能获得一致意见。对很多教师而言，书面报告、课程计划或大纲就是这个流程的最终产品，这些材料通常会发给学生，但是，也有例外情况。

第四章 备 课

要取得案例教学和学习效果，教师和参与者双方都需要做适当的准备工作。

在最低基本要求方面，如对案例内容充分熟悉、根据案例信息做出分析和判断，教师和参与者均面临着一个共同的个人准备任务。这个共同任务之后，双方的任务才发生改变。某些学校要求学生每天要做两到三次类似的准备，一周四到五天。教师则很少面对如此大量的备课任务。然而，教师对案例的备课必须大大超出学生的水平，同时要为上课制订战略和计划。

学生的准备任务已经在《毅伟商学院案例学习》第三章中充分说明。教师会发现这部分内容不仅是自己备课重要的组成部分，也可以用来指导学生，因为学生需要通到辅导来提高案例分析能力。

本章首先论述教师备课涉及的一些标准问题，如为什么备课、什么时候备课以及用多长时间备课等。然后讨论备课的内容、优先次序和实施问题，包括教学建议书的编写。本章也将讨论案例教学计划，这是教师用以引导课堂教学的综合工具，最后以讨论教学档案和教学会议作为结束。

为什么备课？

教师学生双方适当的准备对有效的案例教与学都非常关键。

另外，教师认真备课对学生而言也是一个好榜样，让他们更加积极地投入到案例的准备中。

什么时候备课？

教师备课是一个连续的流程，从包含案例选择和次序的课程计划开始。现在时间已经得到缩短，教师必须在课程计划中准备课程安排表。

为了对案例事实保持深刻明确的记忆，有些教师倾向于在上课前一天甚至当天才开始备课。其他教师则认为应该提前备课，以便应付突发事件的发生，并可以拥有充裕的时间来思考案例内容和教学流程。

如果教师提前几天备课，他们一般会在上课前花费15～30分钟时间复习备课内容，恢复记忆。

花费多长时间备课？

案例教学新手往往对案例备课花费这么多时间感到诧异。对经验丰富的教师而言，案例备课的简单黄金法则是：如果一个教师以前教过这个案例，则备课时间至少是课堂教学时间的三倍。新手也许花的时间远超于此。当然，备课的时间长短与案例本身的篇幅和复杂程度有关，也与案例是否附带有教学建议书或需要教师自行编写有关。

如何备课?

教师的备课可以分为三大部分：内容、优先次序和实施。

以内容为焦点

教师的准备起点跟学生是一样的，而且，在《毅伟商学院案例学习》第三章概括的个人准备方法环节，步骤更加严格。跟学生一样，教师也需要研究一下案例准备的"短周期过程"和"长周期过程"，并准备一份"案例准备表"。差别是，学生需要了解应该从案例中什么地方找到相关信息，教师则必须对案例的主要事实了如指掌。以内容为焦点的备课，基本的要求是必须了解案例事实，并对信息进行全面分析。

以优先次序为焦点

准备活动也要关注先后次序。这些活动包括课程目标回顾，案例教学目标、按照所有课堂次序为某具体课时做计划。为何上这节课，在本节课中运用这个案例为何如此重要？优先次序计划的意义在于，课堂时间是稀缺的，重要问题应该比一般问题得到优先考虑。在案例教学中，优先次序排列的前提可能是确保重要的概念已得到完全理解，这是与其他教学模式一样的目标。至于案例教学本身，优先内容可能是问题的识别和分析、备选方案的生成、决策的制定、实施的计划、信息的分类或说明、相关理论在实践中的正确运用等。

在案例课程教学的头几次课中，优先事项也许要放在让学生熟悉讨论流程和教师对学生合适的准备工作和课堂参与的期望上。因此，案例教学的优先次序排列是多维度的，既基于流程，也基于内容。

以实施为焦点

以实施为焦点指的是如何讲课。教师必须重视下列问题：我希望课堂发生什么事？如何让这些事发生？谁为课堂作贡献？讨论的最佳顺序是什么，先做决策然后分析？或者反过来？案例各个部分的讨论时间应该为多长？课堂是否不必强调结构性？我手头有什么辅助工具可以带到课堂上？对这类问题的回答对教师的有效备课至关重要。

内容和优先准备工作反映在学生作业、时间计划、板书设计和参与计划的实施过程。尽管理论上，在教师的准备工作中，内容、优先顺序和实施是三个完全不同的时序阶段，但是，在实际操作中，这三者通常是混合交织在一起。

教学建议书或教师教案

教学建议书或教师笔记是辅助教师进行案例教学的材料。教学建议书只提供给教师，不能发给学生，也不能让他们看见。教学建议书的内容焦点部分应该由案例作者在进行案例写作时编写，以便对数据的完整性和明确性提供质量保证。不过，我们建议案例教学新手在备课过程中能够创造自己的教学建议书，然后，把自己的建议书和现成的建议书进行比较。

教学建议书或教师笔记来源于多个方面。教学建议书一般会随出版的案例书附送。没有教学建议书，出版商很难卖出案例书！其他来源包括案例共享中心、同事和自己的教学档案等。

教学建议书的质量随着作者的不同而存在很大的差异。因为教学建议书是根据某一门课程的内容来设计，所以，每一位作者都应该问一下，这些内容是否符合特定情况下的课程要求？直接把某一个案例转换到另一个环境或另一门课程结果不一定与原先的设想一样。教师必须问这样的问题，"我能够找到方法让这个案例为我所用吗？"最后，每一位教师都必须自行开发自己的教学建议书。

表 4-1　潜在的教学建议书标题

1. 案例标题

2. 案例情节简介

3. 教学目标

4. 迫切问题（案例决策人的主要关注点）

5. 基本问题（教师在本课程中采用本案例的原因）

6. 建议的额外阅读资料

7. 可能的教学辅助工具（样品、广告材料、照片、文章、视频、电脑程序、光碟、课堂访问者）

8. 建议的学生作业

9. 潜在的课堂讨论问题（准备课堂讨论进行不下去或必须改变讨论方向时）

10. 案例分析（与建议的学生作业相对应，包括案例准备表）

11. 另外提出的观点（超出学生作业问题范围；可能包括实际发生的问题）

12. 教学建议

13. 案例教学计划（教师的议程、时间安排，课堂参与计划和板书设计）

常见的教学建议书主题包括：教育目标和案例问题的识别，学生作业的建议，课堂讨论中应该问的问题，对分析和解决方案的意见。尽管表 4-1 列举出大部分教学建议书中潜在的内容标题，但是，并不存在一种标准的教学建议书格式。

下面是对表 4-1 每一个标题内容的总结。

（1）标题。一般会给出案例标题，然后于标题下或上方加上"教学建议书"或"教师教案"作为副标题。

（2）案例情节简介。很多教学建议书也提供案例简介，可为一两段总结性文字或直接采用案例的开头段落。

（3）教学目标。案例的教学目标一般会确认采用案例教学的课程、课程的哪一部分适用案例以及希望哪一类学生选修这门课程。教学目标可以通过表 4-2 的"案例难度方格"的三个维度确认。

（4）迫切问题。迫切问题指的是案例中的核心决策者所面临的决策、问题、关注点、挑战、机会或困难等。

（5）基本问题。基本问题是教师把这个案例选择到课程设计的原因。基本问题是通过课程大纲中列举的主题以及相关的理论阅读材料得到体现。

表 4-2 教学目标概要

分析维度

　　学生需要培养以下技巧：

　　·确认某个问题/议题/决策或机会

　　·评估一项已经采用的决策

　　·分析某一问题或议题

　　·制订决策标准

　　·制订和评估替代方案

　　·制订行动和实施计划

概念维度

　　学生需要理解和运用：

　　·理论

　　·概念

　　·技术

陈述维度

　　学生应该可以：

　　·从现有信息甄选出相关信息

　　·确认遗失的相关信息

　　·按照逻辑组织信息

　　·作出合理假设

　　·练习资料检索

　　（6）建议的额外阅读材料。教师经常随案例布置学生阅读某些课本、文章或其他材料。这些材料可能直接跟案例有关，也可能是对上节课的补充或属于未来课程的阅读资料。

　　（7）可能的教学辅助工具。教学辅助工具可以包括样品、照片、报纸和杂志剪辑、文章、网页、年报、广告或视频资料，这些资料可以提高案例故事的现实感，并刺激课堂讨论。

可以把公司的产品样品带到班里，在课堂上展览。这是简单而有效的提高案例真实性的手段。同样，如果无法拿到样品，也可以用照片代替。教师和学生可以把自己带到课堂上的报纸和杂志剪辑张贴到布告栏上，这些都将给在课堂上讨论的案例问题及组织机构提供新的信息。这些及其他辅助手段，如文章、年报和公司广告通常不影响案例的成败，但是，它们表达出教师对课堂的关心，并努力把课上得生动活泼，具有关联性。

影视可以用来补充传统的纸版案例资料。除了视觉吸引，它们可以让观众对公司的情况有更现实的理解。另外，如果有特殊访客来访课堂，播放录像就很容易。这些音像可以在随后的课堂播放，促进参与者对案例更深的理解，大幅度提高课堂趣味。

(8)建议的学生作业。学生作业体现了与案例相关的具体问题。也可以随作业布置一些额外阅读材料。作业什么时候布置、采用什么格式在实践中会有差别。作业可以作为课程大纲中的一部分发给学生，也可以通过互联网发布或者在课程开始时公布。

一般而言，作业是在第一次课或者学期中间布置。如果作业在课堂上布置，一般都比较简洁。

一般而言，一节课只能布置一个案例。

有时候，如果案例的难度为(3，3，3)，可以布置到两到三节课内。偶尔，下节课的作业也会在上节课布置。

学生的作业将会反映教师的教学目标和期望。作业中的问题必须与课程目标一致，并根据每一次课的具体情况量身定做。

符合几乎每一种案例要求的三个标准的作业问题是：

①在……案例中，如果你处于……（决策者）的位置，你对……（决策、问题、事项、挑战或机会）的分析是？

②你将做什么决策？为什么？

③你的行动/实施计划是什么？

随案例布置的作业类型将会极大地影响学生的准备工作和以后的课堂讨论。以一个描述并购计划的案例为例，下列两类作业问题可能会极大地改变这个案例的运用。

A. 如果你是发起公司的总裁：

①你的主要建议是什么？

②对于并购后的企业，你预测未来潜在的市场份额和销售量是多少？

把这两个问题和下面问题进行比较：

B. 如果你是目标公司的总裁：

①你可以接受的兼并条件是什么？

②如果被提议并购，你预期可能碰到的主要障碍是什么？

由于案例作业模式不同，同样的案例可以用在不同的课程，实现不同的目的。不过，由于版权限制，除非案例作者是教师自己，否则，教师不能更改任何案例内容，但是，学生作业问题不在此限。因此，教师完全有理由在布置的作业中加入某些规定，改变学生对案例的定位。比如：

①如果案例是发生在现在而不是发生在 10 年前，你的分析会有怎样的变化？

②如果案例发生在我们国家……

③如果这家公司赢利……

④如果这家公司不赢利……

⑤如果这是一家社会团体……

如果作业问题需要参与者花费太多时间准备，可以通过一些简单的方法节省时间。例如，可以提供已经解决了大部分计算问题的电子数据表格或部分分析，以减少计算时间。

有些教师相信案例作业中的问题必须很详尽，其他教师则认为最好使用宽泛一些的问题。如果参与者非常了解案例方法，根本就没有必要布置作业问题。课程开始时的案例问题可以比较详细，但是，随着课程的深入，问题应该变得更加宽泛。

（9）潜在的课堂讨论问题。可能课堂上教师要提出的潜在问题和作业问题不一样。当课堂讨论滞后或离题时，这些问题将被当作讨论的激发剂，但是，与那些教师在任何案例中都可以提出的通用问题有差别。

因此，在教学建议书中，这些额外问题是根据案例设定，如果案例作业范围很广，可能已经包含在布置给学生的问题中。（适合分析维度、概念维度和陈述维度的潜在具体案例问题将在第五章讨论）。至于上述讨论的并购例子，可以问这样的额外问题：这家公司的另外一种兼并前景的主要特点可能会怎样？可能对两家公司进行 SWOT（优势，劣势，机会和威胁）分析吗？

（10）案例分析。教学建议书中的案例分析和案例准备表提供了为学生布置的问题答案。这应该是教师教案中内容最丰富的部分，如果要求做案例报告或考试，这部分可以被视为书面案例分析范本。

在教师准备的案例分析部分中，课程架构和特定领域的知识支持体系都是基础内容。每一门课程的每一位教师，都有责任明确在课程结束后学生必须熟悉的相关理论和概念。案例之所以被当做整个课程设计的一部分，是因为要强调对这些理论和概念的需求和应用。因此，作为合适的案例准备的组成部分，在财务课程中人们所期望的案例分析类型，应该跟市场营销和人力资源课程完全不同。《毅伟商学院案例学习》一书和本书中提供的分析框架关注的是标准的问题解决模型和决策制定模型，如果这些模型切合课程特定的理论和概念内容，则会具有普适性。

《毅伟商学院案例学习》第三章讨论的"案例准备表"本身并没有提供足够的空间来实施所有必须要进行的分析任务，它只为已经完成的分析工作提供有益的总结。教师应该养成习惯，为每一个案例填写"案例准备表"。

（11）另外的观点。另外提出的观点是教学建议书的一个组成部分，让教师可以扩展班级讨论的范围。例如，教师可能希望把某一个案例和本课程或其他课程中的案例或者媒体报道的重大问题进行比较或对照。与潜在的案例问题不同，对另外的观点课堂上不必进行太深入的讨论，可以留给学生课后思考。

（12）教学建议。教学建议包含所有已经教授过本案例的教师愿意分享的任何建议。建议可能包括：提醒学生在上一堂课每小时所做的计算次数；在课程开始、中途或结束投票；邀请自愿发言者；或者避免讨论某一具体问题或挑战。

教学建议与某个特定的案例有关，而且，建议会随着案例教学次数的增加而积累。它们可能涉及"案例教学计划"任何一个方面内容。

（13）案例教学计划。表 4-3 的案例准备表提供了案例教学教师某节课程的一页纸备课总结，很有价值。与学生的案例准备表相似，它为教师提供了一份这节课的路径图。这不是教学建议书的替代品，而是一个组成部分，是教师案例准备的最后一步。它标明了未来那节课程的教学内容、时间、人物和教学手段。

表 4-3　案例教学计划表

案例_____	课程_____	日期_____

时间

计划　议程　　　　　　　　　　　　　　　　　　　参与计划

优先自愿发言者	
1.	5.
2.	6.
3.	7.
4.	8.

1. 介绍

2. 下节课/其他课

3. 总结，问题

4. 阅读材料讨论　　　　　　　　　自愿发言者(V)　　　　　点名单

5. 案例介绍　　　　　　　　　　　V 或者_____

6. 教学辅助　　　　　　　　　　　V 或者_____

7. 作业问题

　　如果你处于：

1. _____　　　　　　　V 或者_____

2. _____　　　　　　　V 或者_____

3. _____　　　　　　　V 或者_____

4. _____　　　　　　　V 或者_____

8. 结论

合计_____

板书设计

问题	分析	决策标准
分析	备选方案	行动/实施
		缺失信息/假设

来源：《毅伟商学院案例教学》，2003 版，p. 82。

案例教学计划

案例教学计划包括四部分内容：①议程；②时间计划；③参与计划；④板书设计。

议程

议程项目指的是要花费课堂时间的潜在主题或活动。有些教师在上课前，会把这些议程写在黑板的最左边或者右边，但是，很少把分配的时间也写上。下列的议程项目并非需要出现在每一节课。

（1）导入。在课程开始的前几分钟，一般在开始案例讨论之前。基于"好的开始是成功的一半"的假设，很多教师对每次课程开始阶段都能够进行细致的准备。

最简单的开课方式是，在传统的"早上好""下午好"或"晚上好"后，通告全班同学包括案例作业问题在内的课程议程。这样课堂就可以按照教师预先布置的次序进行。如有可能，在分享议程的同时还可以跟大家分享课堂时间安排。有些教师喜欢通过一个漫画或幽默开始讲课，当然希望内容与课堂主题相关。有的教师则是从课堂管理的要求开始。

（2）下节课/其他课。经常用来宣布下节课的作业任务及教师希望特别提醒的事项。其他课指的是已经结束或马上进行的课堂以外的课堂，或者从上节课转接下来的材料或问题。在这里，教师有机会在整个课程背景下考虑这节课，在整个项目背景下考虑这门课程。

如果上节课的教学任务没有完成或者需要回顾一个或多个问题，可以通过这部分弥补。

（3）注解，问题。可以给参与者和教师提供机会，引入可能与上节课、本节课或未来课程相关的新闻；或者适合本门课程或特定课堂的事件。这部分课堂也给学生机会提出非本门课程，但是他们认为与本堂课和本项目有关且及时的特定议题。

（4）阅读材料讨论。与布置的另外阅读材料有关。教师可以鼓励学生提问或者向学生提问，或者通过讲授来强化重点内容。

（5）案例导入。与开始进行案例讨论之前的那段时间有关。它为教师提供机会，通过某一行业或个人的角度研究案例。可以在这个阶段提出下列问题，如"有人在这个行业或组织工作过吗？或者有人面临过类似的决策问题吗？"可以把案例导入当成在课程或项目背景下研究案例的机会，并将案例跟其他教师所上的其他课程的主题结合起来。

我们不主张对包含有案例总结的案例导入进行讨论。如果参与者准备得很好，这样的导入课基本上只是空耗宝贵的时间，没有任何价值。如果参与者准备不充分，千万不要给他们这样的信息，让他们以为仁慈的教师可以忍受，并弥补他们拙劣的准备工作。

（6）教学辅助工具。如果有案例教学辅助工具，应该在案例正式讨论开始展示或让全班学生传阅。

（7）作业问题。和课前发给学生的作业一样。如果问题太长，则可以在案例教学计划中缩略。

把作业问题和时间分配列入案例教学计划中的做法乃基于一个很基本的假设，教师已经仔细准备了作业问题，并和参与者做了沟通，以便参与者准备自己的答案。因而，在课堂上讨论这些问题和答案最为恰当。这并不意味着仅仅把案例讨论时间全部集中在这些问题上。经验表明，如果教师没有在课堂上讨论作业问题，这些问题就会被学生忽视。

（8）总结。指教师设想的本节课结束方式。它反映了教师的优先次序。如果只可以总结三点，应该是哪三点，先谈哪点后谈哪点？教师是应该总结、谈论此决策后发生的问题抑或是布置下节课的任务？

案例课堂的总结与开始一样，只是一个过渡。有些教师喜欢让学生对案例讨论进行总结，尽管大家普遍认为这是学生很难担当的角色。其他教师则倾向于自己总结案例和关键点，有时还对课堂上案例讨论的优缺点进行一番点评。强烈信奉非指示性课堂行为的教师则更愿意把评估课堂上发生的事情及其原因的总结权留给学生，自己不做任何总结和评价。下一章将讨论结束讲课的几种方法。某些下课方式，如对案例要点和案例教训的总结、归纳和讲述案例等都要求进行细致的课前准备。为此目的，很多教师提前准备了投影片、下发材料或电子投影材料等。

其他下课方式则根据课堂上发生或没有发生的事情，带有更强的自发性。典型的例子如，有些教师以提供课堂的评估反馈方式下课。显然，留出充裕的时间来以类似的方式结束讲课是明智的，但是，在事情发生之前，谁也无法作出精确的总结。

时间计划

时间计划显示了教师对为完成某一案例课堂而制定的各种议程所需花费的时间长度的最佳预测能力。案例讨论时间总是稀缺的，一般比较好的做法是尽量缩减议程项目，使案例讨论的时间分配最大化。

时间计划指的是预计花费在不同议程项目上的分钟数。总时间不能超过每一节课的时间长度。合理的做法是为某一议程预估一个时间范围，如 5 ~ 8 分钟。

参与计划

案例教学计划的右边标明预计发言者、什么时候在课堂上发言，也包括学生点名册、自愿发言者和优先自愿发言者名单。

学生点名册用来识别特定的参与者，他们是教师在讨论不同阶段试图点名回答不同问题的人选。点名册的作用包括下列几点：

- 确认班上每一个人在课程某些点上参与了讨论。
- 确认与具体案例情景相关的有特殊技能和经验的学生。
- 如果案例难度特别高，确保从正确的人开始。
- 设置课堂规范。例如，"没有准备就来上我的课可不是个好主意。我会点你的名。"
- 检查学生的技巧培养情况。例如，"我要检查一下约翰开始上课时做得如何。我想要安吉拉念一念，看看她准备得如何。"

或者"我想知道，为了下课时做讨论总结，约翰要做哪些工作。"

·选择一个名字，供无人自愿回答问题时提问。

·确保班上每一个人，无论是活跃的还是沉默的，都被点过名。

·强制沉默的学生在课堂上发言。

大家对教师是否采用点名册点名并没有达成一致意见。借助点名册，教师可以达到上述的部分或全部目标，没有采用点名册的教师主要是依靠并鼓励课堂自愿参与。

在案例教学计划上，点名机会发生在阅读材料讨论、案例导入、作业问题或者案例讨论。如果借用点名册，则可以把要点的人名列在议程项目旁边。这些名单不会跟优先自愿发言者名单重复。任何一种议程项目都可以列出 3～4 个人名，根据他们要回答的问题排序。

自愿发言者。圈定特定议程项目的"V"，意味着教师将对自愿发言者就这个项目进行讨论提问。一般而言，如果案例教学仅仅依靠自愿发言者发言，那么，这样的课堂只能变成少数几个喜欢发言人的天堂，大部分同学都将成为默不做声的旁听者。因此，点名册可以成为邀请学生参与课堂讨论的一种选择。如果自愿发言者超过一个，则可以采用优先自愿发言者名单来决定谁来发言。

当需要在众多的自愿发言者中间做选择时，教师可以通过优先自愿发言者名单确认发言人。就是说，如果很多参与者同时表示要参与课堂讨论，名单上的人可以享受优先权。优先自愿发言者名单可能包括平时不太发言的人。这方面的准备可以帮助教师在面临课堂多数人争相发言局面时，更容易做决策。

对给课堂参与计分或者要求所有同学必须积极参与整个课程讨论的教师而言，点名册和优先自愿发言者名单是重要工具。

板书设计

不少教师对他们将在板上记录的内容提前计划。事先计划在哪一个地方写什么内容，如分析写在左边，结论放在右侧。有些教师甚至事先决定用哪种颜色的粉笔或马克笔板书。

"案例教学计划"下部是预留给板书设计的。想直观看到讨论记录结果的教师不妨将之当成主要讨论问题的浓缩版。表 4-3 中的板书设计标题仅供参考。

案例教学计划中的空间允许教师把对某一课、某一案例的看法写上。表 4-3 的"案例教学计划"放大 155％后复印，可以变成标准信笺格式，用作每一节课的参考资料。它可以让教师提前预览未来的课堂内容，这也成为案例教学建议书/档案的一部分，供下次讲授同一个案例时使用。教学建议书内容大部分保持原样，但是，教学计划细节却会在每一次案例教学中发生改变。

学生的作业布置、课堂上的时间和板书空间分配、教师试图在课程结束时提出的关键问题等，都充分反映了教师希望在某一个具体案例上所关注的重点内容。

我们的经验是，案例教学计划对有效的案例准备以及课堂教学本身，都是非常有价值的辅助工具。

附录三是一个样板，包括一个带有教学建议书的小案例、案例准备表和案例教学计划。

教学档案

教师如果讲授某一个案例的频度超过一次，一般会在教学建议书之外还有一份教学档案。每一次案例教学，教学档案上的内容一定也会随着"案例准备表"和"案例教学计划"内容的增加而愈加丰富。标准的做法是，教学档案也可以包括剪报、相关阅读材料和文章，网站资料等其他能够获取的信息。

如果有几位教师参与同一门课程或同一个案例教学，这些教师应该互相分享教学建议书和教学档案，并召开教学会议讨论这些教学建议书。

教学会议

正如小组讨论是学生准备任务有价值的组成部分一样，很多教师发现与同事交流自己的案例分析情况和课程计划也非常有帮助。对涉及多部分、多位教师讲授的课程而言，教学会议尤其重要，因为，这样的课程要求保持一致性。

在这种教学会议上分享备课经验最简单的方法是，要求每一位教师事先自愿选择某个不同的案例，准备好教学建议书和案例教学计划（不包括参与计划）并跟大家分享。然后，每一个会议可以讨论一到两个即将讲授的案例，尽管有人已经承担起领导角色，但是，每一位与会教师都必须做好充分的准备工作。

结　论

　　某些教师担心，详尽的备课可能会导致一种指示性很强、结构性很高的教学方式。这种看法并不正确。事实恰好相反，备课越充分，课堂的灵活性也越高。充分备课是有效的案例教学和学习的根本前提条件。

　　上课时间到了。课程已经计划好，案例已经选择好，参与者对布置的作业做好准备，教师备课工作业已结束。对所有准备工作的真实考察马上就要开始了。

第五章　课堂流程

　　案例教学最终的实施地点是教室。这是所有计划和准备工作得以表现的地方。因为，课堂上所发生的事情并非都必然会按照标准流程或步骤展开，所以，一开始就强调课堂流程的多样性是有用处的。课堂流程会由于具体情况的不同而发生变化，比如课程目标、主题、案例类型、课程的次序、前面课堂中的讨论、同一批学生同期在其他课堂学习的其他课程，等等。此外，课堂之间的差异还会随着下列因素发生变化，这些因素包括教师的教学经验、教学风格和情绪，参与者的资历和情绪、一年中的开课时间、天气、政治经济新闻，当然，也包括教师在当时环境下能够确认和预测的其他因素。实际上，世上并不存在一种标准的案例课堂，可以用来充当客观参考模式。这对总是试图模仿别人做法的教师是不幸的，对喜欢创新的教师却是一件开心事。

　　然而，很多案例课堂在某些阶段确实存在着共通之处，所以，尽管没有标准的案例课堂，我们还是可以创造出一个来。就案例讨论而言，最好能够设定一个范本，以便其他变异方法对照。本章首先描述这样的示范课，然后按照时间顺序讨论课堂的主要阶段。接下来，再具体讨论参与流程，重点放在对提问、回答、记录和参与问题的处理上。教师之间的差别主要来源于各自不同的教学风格，本章最后将对教师的案例教学风格进行探讨。

示范课

下面是对某个实际课堂的描述，课堂内容将用来做未来具体讨论的参考资料。这并不是一个完美的典范，但它确实是一个如何通过采用"案例准备表"和"案例教学计划"进行案例教学的实例。

上课时间是上午10：00，琼斯教授提前五分钟走进教室。他检查黑板是否需要清擦、投影设施是否正常运行，并与提前来到教室的同学寒暄。

接下来，他在黑板最左侧写下"案例教学计划"中的议程：

1. 导论

2. 下节课

3. 实地考察

4. 阅读

5. 案例标题

如果你面对这样的境况：……

问题一：你会如何分析？

问题二：你的备选方案是什么？你将选用哪一个？为什么？

6. 结论

然后，琼斯把墙上公告板的一张报纸文章揭下来（这是某个产业新近发生的时事，与上节课讨论的案例相关），站在教室中间的位置，十点钟准时上课。

"早上好"他开始上课，大部分同学自然回应"早上好"。"很高兴，上周六我们班打赢了足球赛。我希望今天的管理课大家的表现一样出色。在开始讨论案例之前，我们先来处理几件事情"。琼斯接着跟大家介绍刚刚在黑板上写下的议程，并表示希望有人自愿回答案例的第一个问题，然后，在课堂三个不同的位置指定三位同学回答案例的第二个问题，并安排好他们的发言顺序。

琼斯接着跟大家说明，可以从什么地方获取未来几节课的参考资料，并解释已经为实地考察做了哪些具体安排。他还提出，期待在这节课上，每个同学都能够理解与案例一起布置的阅读材料内容，而且，希望从阅读材料中出现的任何问题开始上课。至此，时间已经过去了 5 分钟。

下面的 10 分钟全部用来讨论阅读材料。一个学生要求教师解释 542 页上的某一个问题，琼斯问是否有哪一位同学可以回答。琼斯在三个自愿者中选择了一个来回答这个问题。这个同学的答案合情合理。解决了阅读材料的理解问题后，教师就阅读材料的核心问题分别向三个不同的学生提问。每次回答完毕，教师都会询问大家是否还有补充。有两次，班上的其他同学进行了补充，而且，大部分内容补充得很不错。

随后，琼斯教授简单介绍了案例的来源。解释有一次碰巧跟原来的一个学生在一架飞机上邻座，他们一起讨论了琼斯教授的课程。期间，琼斯教授提到很难在某一个论题上获得新的资料，那个学生回答："真是太巧了。我现在正在研究这个问题啊。我把资料送给你好吗？"

琼斯教授面带微笑，对全班同学说，"如果这个案例出现什么问题，那就埋怨航空公司好了"。然后，他开始问是否有哪一位同学愿意就案例的第一个问题开始讨论。接下来的 65 分钟就全部投入到案例的讨论中。

有四位同学举手，表示可以开始。琼斯教授选择了到目前为止很少参与讨论的弗兰克·卡特发言（他也在教授的自愿优先发言者名单上），弗兰克说道："……这就是需要作出的关键决策。如果我是经理，在这种情况下，我会重点关注这个决策，因为……"

弗兰克花费大约 5 分钟来解释原因，并阐述自己将如何决策。在弗兰克发言的过程中，琼斯教授通过总结的形式，把他的主要观点在黑板上记录下来。发言结束后，琼斯教授问他是否还有补充。弗兰克答道，"啊，是的。我忽略掉了一点"。随后他做了补充说明。

回首一看，琼斯教授发现班里有十多个同学在举手，都想发表意见。他朝其中一位点点头，那位同学马上把弗兰克的主要观点毫不客气地否定了一通。琼斯教授又把他的观点在黑板的另一边记录下来，没等他回过头来，又有一个同学在发言了。班里进行了大约 5 分钟的自发讨论。期间，琼斯持续不断地在黑板上记录下那些新提出的观点。

显然，班上很大的一个阵营是反对弗兰克的，另外的同学看来同意他的观点。琼斯教授接下来说道："好了，看来僵局出现了。如果我们在需要解决的问题上无法达成共识，那就无法再往下讨论了。是否还有哪些信息没有被提及，而这些信息或许有利于问题的解决。我想听听迄今为止尚未发过言的同学，你们有何高见？"

这时，出现了三位自愿发言者。他们各自找到案例中支持弗兰克观点的额外信息。最后一位同学的发言参考了公司的资产负债表和损益表，琼斯教授用投影打出这两个表供大家评论。

琼斯问大家是否都同意对问题的定义。大家意见一致后，琼斯再问公司的基本问题何在，大家最后总结出六点。琼斯接下来问道，"我们为什么要在这上面花费时间?"不同的自愿发言者把这些基本问题跟整个课程的关系及他们自身未来的关系进行了解释。随后，琼斯要求大家在重要/紧迫性矩阵上界定案例涉及的主要问题，大部分同学同意这个问题是"重要又紧迫"。

下一步，琼斯让自己点名册上的第一个同学回答应该重点考虑哪些备选方案。学生总结出四个，琼斯将这些方案一一记录在另一块黑板上。下面的时间就集中在对这些备选方案优缺点的讨论上，并探讨适用于评估备选方案的决策标准。

在此期间，琼斯不断地把新观点记录在黑板上，询问以便澄清，偶尔会完全重复某人的话，并问道，"这是你刚才所说的吗?"有时，他也会诠释原话并提问，"这是你想要表达的意思吗?"

某一个学生已经在课堂上发言四次，现在还在急切地要参与讨论。他手舞足蹈，嘟哝着打断别人的发言。琼斯做了个"安抚"的手势，让他冷静下来。偶尔，琼斯会点名某一位没有举手的学生对某个具体的观点表达意见，但是，大多数情况下，还是以自愿发言为主。琼斯要确保课堂里每一个角落的学生都获得机会参与课堂讨论。

琼斯不断地从黑板那里走动到教室中央，偶尔也从教室这一端走到另一端。有一次他走到教室最后面，要全体学生看着黑板上的内容，看看是否能够得出结论。

四个备选方案讨论完毕，还剩下10分钟，琼斯开始问在给定的条件下，哪个方案更加合理。通过举手表决，大家认同其中两个"比较好"。琼斯进一步再提问两个方案的实施方法。大家对第一个方案的实施讨论得非常踊跃。时间大约只剩下最后两分钟时，琼斯道，"喔，非常抱歉，我希望大家能够把两个方案讨论完，因为，结果可能很有意思。但是，时间不够了，我们无法两个都讨论了。目前，大家的讨论已经涉及我目前能够发现的与本案例相关的大部分问题。祝贺大家！除了考虑如何实施第二项方案以外，我希望大家能够思考这样的问题：这个概念在其他公司和行业的适用性如何？我打算在以后的课堂上和你们一道将更多重点放在这个实施阶段上，因为这是需要我们更多实践的领域。以后的课堂不会再涉及今天讨论的主题，但是，我希望如果有机会，大家未来都能够运用这个概念。下周见！"

案例讨论阶段顺序

从上面的描述可以看到，案例示范课可以按照时间顺序分为不同的阶段，这点和案例教学计划（参考表 5-1）有直接联系。

A. 课堂、课前布置

B. 案例教学前活动

C. 案例讨论

D. 总结

现在我们开始对每一个阶段进行详细研究。显然，琼斯教授的做法可能跟别人大不一样。因此，哪怕仅仅是为了研究可供案例教学教师选择的教学方式，了解这些阶段以及它们不同的处理方式也是非常有用的。

表 5-1 案例讨论阶段顺序与案例教学计划议程的关系

阶段	案例教学计划议程
A. 课堂、课前布置	
B. 案例教学前活动	1. 介绍
	2. 下一节/其他课堂
	3. 说明/问题
	4. 阅读材料的讨论
	5. 案例介绍
	6. 教学辅助工具
C. 案例讨论	7. 作业问题
D. 总结	8. 总结

A. 课堂／课前布置

琼斯有个个人习惯，总是提前几分钟到达教室，以确保自己不迟到而且不用花费上课时间来处理那些可以在课前完成的工作。擦黑板、列出议程项目、重新安排课堂桌椅、清理杂物、处理布告栏、检查投影设施、检查教室温度和空气质量以及所有的非学生接触活动都属于这一阶段。

他也喜欢与部分同学闲谈，了解"八卦消息"或班上的新闻，关心某个同学或小组所做的事情，了解大家的进展情况。

部分教师喜欢利用课前布置阶段决定最先提问哪位学生。另一部分教师则早已经在案例教学计划准备中的点名册和自愿发言者优先名单中决定了对谁提问。

B. 案例教学前活动

大部分案例教学教师并没有把案例讨论当做案例教学计划中的第一项议程。案例教学前议程包括：（1）介绍；（2）下一节/其他课堂；（3）说明/问题；（4）阅读材料的讨论；（5）案例介绍；（6）教学辅助工具。这六点不一定在每堂课出现，但是，每一个部分都其特定的作用。

（1）介绍。课前，无论是否有课前布置，教室总是比较吵闹；学生在互相交谈。必须采用一种方法来吸引学生的注意力，让他们转入课堂重心。有的教授会大声喊，"大家准备好了吗?"有的会吹哨子、有的会开启投影设备、有的开始讲授、有的只是打招呼、有的站着等待，不发一言。无论采用何种方法，如果大家注意力不集中，课堂嘈杂，教授的意图是无法传递给学生的，反之亦然。琼斯采用的是传统问候方法，学生将之当成开始上课的信号，随之马上提出了班级关注的一个好消息，即最近赢得的足球比赛。然后，回顾课堂议程，说明自己的课堂参与计划。

这类在开始上课时，按照点名册和议程部分点名的方法被称为"暖点名或软点名"（warm，or soft calling），与没有事先计划的"冷点名或硬点名"（cold，or hard calling）或"强制点名"（nailing）相对。

（2）下一节/其他课堂。案例教学开始前也是完成下列任务的很好时机，如回顾前面课堂中出现的问题、对以前案例或理论问题的跟进、通告特殊事件、布置下节课或未来课堂作业等。

　　琼斯在课程介绍后，马上告诉学生在哪里获取未来的课堂资料，同时提醒大家马上要进行的实地考察。显然，大家也都已经了解下节课的具体作业要求，因为这些内容都写在课程大纲里，并且可以在互联网上获取。

　　如有下节课的作业需要布置，那么最好在开始上课时进行并说明具体要求，因为案例讨论可能会超时，届时学生会着急离开。

　　(3)说明/问题。琼斯教授的议程没有这项内容。之所以把它当成可能的议程项目，是为了预防学生们在课堂中思想开小差。潜在的话题包括考试日期的调整，著名人物的到校访问，政府学生助学金政策的改变，与同学或教师相关的重要事件或健康问题等。

　　(4)阅读材料的讨论。琼斯也通过议程通告的方式表达自己对处理阅读材料问题的意图。

　　琼斯利用"案例前"活动的大部分时间讨论了与案例一起发放的阅读材料内容。他通过两种方法来检查同学们对材料的理解程度：给学生提问的机会或者自己提问。他期望通过案例讨论来捕捉任何对理论认识尚存在不足的地方。这时，教师往往会要求学生上交作业、讨论阅读材料、进行小测或其他自己乐意采用的方式来检测学生对理论的理解程度。

　　不幸的是，案例本身的性质决定了阅读材料和案例问题无法完美统一。因此，阅读材料完全有可能只与以前或未来的案例主题有关，与当前的案例毫无关系。

　　(5)案例介绍。琼斯能通过一个个人逸事来介绍案例，并让大家知道他自己就是案例的作者，说明了他自己对案例的兴趣和参与。对于讲授自己案例的教师而言，类似的介绍总是相当有意思。因为大部分教师用的是别人写作的案例，他们可能希望通过别的途径来强调重视随之而来的案例讨论的必要性。他们也许希望复习前面几节课的内容，以展示与本案例的前后联系。他们也许希望参考媒体的结论，这个结论已确认了案例中的问题是一个重要的管理问题，或者唤起团队的自豪感，说，"去年那个班对这个案例根本摸不着头脑，看看你们是否能做得更好。"除了按照计划对案例讨论进行预习，案例介绍的第二个目标是强调本案例在课程、项目中，及对管理的理解或对社会的重要意义。通常可以通过相关的新闻和时事来达成此目的。

我们认为在案例介绍过程中，询问班里有哪些同学在这个行业、这个公司工作，或遇到过类似的问题都是不错的主意，然后请他们介绍自己的经验，以便为其他参与者的评价搭建框架。由于很多案例几乎没有披露整个行业的数据、惯常采用的流程以及经理们面对的挑战，所以，案例介绍不但强调了案例的重要性和主要问题，而且，能够让参与者互相学习更广泛的背景知识。对课堂参与心怀畏缩的学生会发现这是一个自在的课堂发言机会。

不过，我们并不推崇一开始就让某个学生对案例事实进行总结陈述的做法。这种开始无异于"死亡之吻"，暗示着另一节无聊课堂的开始。我们希望学生来到课堂时，已经做好充分准备来解决案例中的问题和挑战。

（6）教学辅助工具。作为案例作者，琼斯教授很容易获取年度报告、录像、产品或服务手册、某些样本或其他教学辅助工具来强调案例的真实性，提高学生的兴趣，但是，在示范课中他一概不用。

C. 案例讨论

（7）作业问题。琼斯教授是通过作业问题开始案例讨论的。第一个问题通过自愿回答；第二个问题根据点名册点名提问。两个问题都与决策有关，要求学生根据案例准备表中描述的标准流程回答。

"正常"的案例讨论或多或少应该按照《毅伟商学院案例学习》第三章讨论的典型决策模型进行。模型包括：

a. 定义问题；

b. 分析案例数据。重点放在因果关系以及约束和机会方面；

c. 形成备选方案；

d. 选择决策标准；

e. 分析并评估备选方案；

f. 选择首选方案；

g. 制订行动方案和实施计划。

很多学生喜欢在开始上课时就宣布自己的决定，因此，课堂讨论并非总是能够按照决策制定模型展开。（如果准备充分，学生应该在课前全部涉及了模型的各个阶段，因此，没有必要把课堂当成决策制定模型示范课）。另外，要提高各种备选方案的吸引力，必须要考虑这些方案实施的容易程度（实施困难会降低可行性），在最终决定哪个备选方案为较佳之前，应该对其可行性进行讨论。不过，经过严格论证得出的首选方案通常其行动/实施计划都较为可行，基于这样的假设，很多案例课堂经常把实施方案放在最后讨论。

　　大多数案例讨论的核心推动力是组织中某个具体决策或问题的解决方案，因此，案例讨论往往由四个明晰的部分构成：

　　(1)开始。

　　(2)问题和分析。

　　(3)备选方案、决策标准和决策。

　　(4)行动/实施计划。

　　(1)开始。开始案例讨论意味着教师将要求某一个学生回答某个事先布置的问题，并给这个学生分配一定的时间。琼斯的第一个问题通过自愿回答方式进行，而且，预留时间让参与者持续发言，直到他觉得都说完了。

　　可以通过两种主要的提问方式开始讲课。两个极端分别为指示性问题和非指示性问题。指示性问题可以这样提出，"你认为这家企业明年会有多少盈利?"如果事先没有布置案例问题，可以通过非指示性问题提问，"你打算谈些什么问题?"

　　我们坚持认为，如果在布置案例作业时，事先给学生布置了特定的案例问题，这些问题就应该在课堂上讨论。比如，假设第一个作业问题是，"如果你是安吉拉·马丁，你会如何分析这个国家东部地区销售不足的问题?"那么，绝对有理由也很值得把这个问题当成课堂的开场问题。如果教师坚信没必要在课堂上讨论案例问题，则应该跟学生澄清这点，避免挫折感和混乱感。

　　当然，人们有一个共识，参与者和教师可以提出事先布置问题以外的其他问题。需要区别的是，这些额外问题和观点到底是对事先布置问题的补充或者是可以用来替代事先布置的问题。

　　(2)问题和分析。在课堂讨论的某些阶段，有时在开始时，有时不在，很多时间会用来确认案例中的紧急问题、困难或决策本质。如果大家对需要解决的问题没有达成一致，对备选方案和实施的讨论根本毫无意义。因此，在示范课中，在进行下一步讨论之前，琼斯促使全班同学首先要解决认识差异的问题。在某些案例中，首要决策或问题的确认难度不大，不用花费太多时间；而在某些案例中，核心教育目标也许就是要求学生能够准确辨析正确的问题所在。因此，这个阶段要分配多少时间，与教师的课堂目标和案例性质有关。

让班上同学确定案例的基本问题也很有用，此法可以提醒案例与整个课程以及与大家潜在的未来职业发展的关系。同样的道理，把本案例的问题在重要性/紧迫性矩阵上进行定位也有助于优先次序、备选方案、决策标准的确立和行动/实施计划的制订。显然，在琼斯的课堂上，学生们很期望教授会对基本问题和重要性/紧迫性矩阵进行提问，而这些都很快得到了处理。

案例分析可以在了解问题的发展及其重要性和紧迫性后进行。了解问题发生的原因以及问题跟课程的关系，可以为课程中有效的定量和定性分析提供必要的动机和洞察力。希望学生能够将具体课程中的分析架构和理论概念融合到对案例的分析中。

需要重点强调的是，在本书和《毅伟商学院案例学习》一书中，唯一提供的框架是"决策制订/问题解决模型"。因此，每一位教师都有必要把适合于特定研究领域的分析工具和理论概念应用到自己讲授的课程中。每一节案例课都提供机会，让通用问题解决模型与特定课程的分析工具相结合，用以处理案例中出现的实际问题。在课堂上，如果说阅读材料部分的讨论把重点放在具体的理论和概念上，那么，案例讨论的分析部分则允许从更宽的范围，从理论的角度，在理解和应用两方面进行考查。

从案例中"暂停"，复习早先的课程和概念是很寻常的举措。如果案例属于某些问题无法按计划解决的类型，鱼骨图或者因果关系图可以提供一个合适的框架来寻求可能的问题根源。在案例讨论中，案例分析部分的首要目的是为了确保随后做出的任何备选方案，都能够与决策或所考虑的问题相适应。在开处方之前，正确的诊断和医学分析同等重要。

（3）备选方案、决策标准和决策。（Alternatives，Decision Criteria and Decision)所有案例课相当重要的一部分是用来处理备选方案的讨论问题。有时，甚至在决策或问题得到清晰界定之前，有些同学已经提出备选方案或解决方法。一般来说，参与者总能提出至少两个备选方案，有时会有一打儿。在认真探讨最重要的备选方案优点之前，如果备选方案数量越多，越需要花费精力缩小或缩短这份清单。

无论什么时候，如果需要在课堂上列举如备选方案或决策标准之类的清单，教师要确保在讨论其恰当性或优缺点之前，列举出所有潜在的可能性，这点非常有用。这样，教师可以说，"在我们开始讨论之前，我先记下全部的可选方案。"否则，某位同学会陈述某个有或没有支持性论据的备选方案，然后另一位同学会开始争论其优缺点。在这种情形下，很可能某个尚未得到确认但价值更高的备选方案只得到短暂的讨论或根本没有任何讨论，而价值不高的方案却占据了宝贵的课堂时间。

压缩备选方案清单的方法多种多样。其中一个办法是让全班同学对每一种方案投票，然后只讨论得到普遍认同的方案。教师也可以让学生在不同的方案之间进行辨析。就是说，要求学生讨论哪种方案特别适合某一环境，以及在不考虑现有特定环境因素下哪些好的想法可以采用。例如，在某个案例中，已经预测到原材料价格会大幅度上升，一般学生会建议改变包装尺寸。在此案例中，建议本身或许是一个合理的辅助行动方案，但是，它却无法解决材料价格上升的问题。

同时，要压缩备选方案的数量，教师还可以提问哪些方案是以成功概率较小的假设为基础制定的。在上述案例的价格问题上，学生们经常提出的另一种备选方案是找到某种替代材料。教师需要提出的相关问题是，"替代材料出现的概率有多大？是否能够以低于已上涨的原材料的价格获取？"

此外，由于其他得到确认的方案拥有更优的收益，余下的哪些方案可以清除？

在上面讨论的案例中，原材料目前是以优惠的价格从英国母公司采购的。在此特定环境下，要以更优惠的价格从英国其他地方采购原材料不是很现实。

也可以深入讨论某个有吸引力的备选方案，以便确立一个"参考点"方案，供与其他方案比较。

以上述案例为例，继续从母公司采购原材料每一年会让子公司多花费四百万美元的成本。因此，其他方案要产生吸引力，成本必须比四百万美元低。问题的范围已经得到明确确认，这是四百万美元的问题，不是四十万，也不是四万。解决方案必须切合这个问题。

在压缩备选方案清单后，可以开始对两到三个最有吸引力的方案进行认真的考察。

某些教师喜欢板书记录备选方案，某些则不然。把关键的备选方案及其优缺点记录在黑板上或通过投影、活动挂图向大家展示是很有用的方式，可以对讨论流程进行更合理的管理。

决策标准。备选方案清单后面常常跟随着一份决策标准清单，决策标准清单也可以放置在备选方案前面。标准随后需要按定量和定性标准再分类。《毅伟商学院案例学习》第三章给出了一份通用决策标准清单。下一步的工作是要对这些定量定性标准进行优化。很难让班上所有的人都同意这样的排行。因此，最好让某个参与者先提出自己的排行，然后征求意见，问"有多少人同意这样的排行？"以及"多少人有异议？"往下可以让有异议的一名参与者提出他们自己的排行。很有用的一点是问参与者，定量标准是否比定性标准重要，或者反过来说。如果这点做得很到位，可以为备选方案的评估打下基础。

备选方案的评估。对备选方案的评估一般每次只关注一个。教师根据设立的标准记录方案的优缺点，以便在未来课堂中比较这些方案。

可能的情况是，任何一个案例的备选方案都有可能超过一个，这是完全合理的，哪怕经过认真的考察也是一样。琼斯教授的课堂就是如此。通常明智的做法是要求参与者为自己的选择陈述理由，以明晰其逻辑关系。"主要的目标是降价，而'B'方案显然拥有最大的机会获得最大幅度的降价"，这是逻辑性强的论断。相反，"'B'方案更好，因为交付速度更快"的说法在这个情景中是不合理的。

案例中的有关数据需要在备选方案的讨论阶段引入，用以支持每个方案的优缺点以及关键的决策标准。教师尽可以要求学生复查案例特定的页码内容，如果有图形、图表、结论或计算细节，也可以将之投影到屏幕上。

　　在案例讨论的最后阶段，一般需要对"最佳备选方案"作出结论。或许班级会产生明显的共识，否则，教师可以提出这样的问题，"有多少同学赞同这是最佳的备选方案？"或者要求某个同学作选择，然后让其他同学表达赞同或反对意见。

　　如果本次课的部分目标是讨论某个行动/实施计划，则必须预留足够的时间，在这个问题上，琼斯教授未能完全处理好。

　　(4)行动/实施计划。人们对案例课堂中行动/实施计划的讨论总是关注不足，因为很多教师认为，正确识别和分析问题以及对理论的讨论更重要。另外，在顺序上，方案实施的讨论总是被安排在课堂的尾段，与时间赛跑通常都以失败告终。琼斯教授的课堂也是如此，他也承认自己没有能力把时间管理得更好。

　　最好是把行动/实施计划，包括截止日期当作一个整体看待，所以，通常倾向于要求某一个赞同备选方案的参与者提供一个全面的行动/实施计划，而不仅仅是其中的一两个步骤。随后，其他人就可以在此基础上提出备选的行动/实施计划，或者提出额外或不同的步骤和截止日期。对任何备选方案而言，其实施的容易程度、成本和时间都是些显性的决策标准，因此，必须要预见到，一旦行动/实施计划陷入麻烦，能够找到机会对备选方案清单进行重新审核。

　　如果教师认为，制订得体的行动/实施计划能力是课程参与者需要学会的一项有价值的技能，那么，他们最好准备为这个阶段预留出足够的讨论时间。在布置案例作业时，教师最好向参与者强调，教师期望能够讨论到一个认真制订的行动/实施计划，以便参与者进行适当的准备。一个在课堂上将数十位参与者的思想仓促拼凑出来的行动/实施计划，很可能会在相当程度上偏离其质量目标。更糟糕的是，这半生不熟的计划可能会给参与者传递"这是很不错的成就"的看法，从而设置一种不符合要求的预期标准。

D. 总结

"哦，时间到了。期待下次课再见"这大概是每一次课后，教师给班级留下的短而精的结语。就像开始上课一样，这只是一个过渡阶段，教师可以用来总结案例，过渡到随后的课堂，同时接续到目前为止完成的内容。

部分教师喜欢让学生来总结案例。而大多数教师觉得让学生总结案例是勉为其难。有些教师喜欢自己总结案例及其要点，也许还会对课堂案例讨论中的强弱项作一番点评。坚定信奉非指示性行为的教师喜欢把课堂发生了什么及其原因的评估责任留给参与者，自己不做任何总结或评论。琼斯教授就说得很活络，而且非常快地越过案例，并提醒说，将不再重复讨论这个主题。

教师也可以利用这最后的阶段覆盖到理论、巩固前面的课程内容、预习下节课，在课程结束时总结升华。通常可能在课堂中会出现相对强烈的情绪，在课程结束前一些幽默的评论或心平气和的讨论都会起到安定的作用。

大多数教师觉得有必要采用某些形式来下课。在他们看来，讨论还远没有结束就离开教室是一件很困难的事。对问题"你是怎样结束课程的？"的不同答案显示，教师可以采取很多有用的方式，来帮助学生从一个特定的案例情境中锻炼出更加宏观的理解能力，以丰富他们的学习经验。例如，教师可能希望通过讲授的方式提供某些概念性知识，用以复习某些在讨论中提到的重要观点；强调案例中的特定方面内容；针对某些遗漏点提出相关问题；或者指出已经得到确认的每个备选方案所存在的缺陷。

教师只有由衷地认为学生们出色地完成了课堂任务，才可以对此表示祝贺。虚伪的赞美只会降低学生对教师的尊重，并削弱大家对未来课堂质量的期望。

对教师是否应该在课后进行总结，人们的看法也是莫衷一是。对总结偏好的影响因素包括教师的个人教学风格和理念、课程种类、参与者的性质等。

还有另外两种结束讲课的方法。尽管对这两种方法学生会很感兴趣，但是，教师必须小心处理。第一是教师提出本人对案例的解决方法；第二是把公司的实际做法告诉学生。

第一种方法的风险可能表现在几个方面。个别同学也许通过毫无价值的方式反对教师的方案或者提出挑战，大部分同学可能会将之接受为"正确"的做法。另外，如果课程结束前要求教师提供"答案"，学生就失去对自己的方案进行深入研究的动力，而且，会驱使他们去猜测教师到底喜好哪一个备选方案。这不是案例教学法的目的。明智的做法是，在提出关于案例的观点时，教师应该提醒学生这是一个观点而非答案。某些教师倾向于在下课后，非正式地表达这样的观点。

有时候，尤其在教师是案例作者的时候，会有很大的诱惑促使教师去披露公司的实际做法。当然，在这种情况下，保密和掩饰原则不可违背，学生也必须理解公司的决策未必是最佳解决方案。另外，这类消息相当于把案例给终结了。部分案例教学教师坚持认为，人的心思在未决问题上连续工作的时间，要比教师把公司实际操作的答案告诉了学生这种情形要长得多。最后，这意味着对此情况，教师私下拥有更多信息，而学生是不了解的。因此，"我们所有人一起进入这个情景，掌握同样的信息，让我们一起探索"这种说法实际上并不成立。

我们相信有一个方法很有用，就是提醒学生在下课后，立即花不到五分钟的时间在案例准备表（参考《毅伟商学院案例学习》第五章）上记录总结自己的主要观察结果、意见或结论。

参与流程

在案例的讨论过程中，教师会面临各种问题，这些问题不一定和特定的案例相关，但是，却与教师根据课堂教学计划制订的参与流程管理有关。下面将会对这些问题进行讨论。所有问题都集中在教师可以在教室里做什么这点上。他们处理的主题有：提问与回应、记录学生贡献、教师的走动和声音控制、管理参与流程、处理参与问题、处理材料问题、促进决策和实施、管理时间和次序、维持秩序、处理取舍问题以及在讨论中运用幽默。

引导案例讨论的艺术涉及提问、聆听和回应。提问意味着在合适的时间提出合适的问题。提问包括教师为引导出适当的案例内容而提出的问题类型和数量，也包括提问的时间选择。聆听是提问和回应之间的桥梁。回应乃是参与者发言后教师的行动。

提问

教师成为老练提问者的理想模式是，提问如此自然以至参与者都无法意识到教师是在提问。这与无助地打量学生,并抛出下面问题的教师形成鲜明的对比,"我不知道从这里应该怎样往前走了,有人可以帮忙走出来吗?"尽管这样的话在案例教学中可能是合适的,但是,这种问题尽量不要问。

在合适的时间使用合适的问题,是保持案例讨论顺利进行的有价值的技巧,每个教师都必须掌握。问题可以分为两大类:一般性问题和特定案例问题。

一般性问题。理论上讲,一般性问题甚至可以适用于没有阅读过案例的教师。偶尔,我们也会听说某位教师对案例本身没有任何了解而试图授课的。

显然,这种做法不值得提倡,但是,它却是磨炼一个人一般性问题提问技巧的方法。一般性问题包括好几种讨论流程的问题,重点在澄清问题、贡献长度、谁发言以及发言时间多长等。好的案例教学教师几乎都是下意识地采用流程问题提问,如:"为什么?""这是你说过的内容是吗?""下面谁愿意发言?"以及"还有没有人提出进一步的观点?"

可以把其他的一般性问题跟案例难度立方体中的分析、概念和陈述维度结合起来。分析性问题覆盖了案例准备的各方面内容。例如,这里有一个简单的一般性分析问题:"问题的决策、困难或挑战是什么?"。概念问题与课程特定的理论内容有关。一般性概念问题如下:"哪种理论适用于这个情境?"陈述性问题与存在何种信息、在哪里获取这些信息息息相关。一般性陈述问题如下:"案例中哪个地方是支持你观点的?"

表 5-2 的问题清单把一般性问题分为四大类。第一大类包括每一位教师每一节课都会提出的一般性讨论流程问题,根据场合

需要随时提问。

剩下的三个分类覆盖了案例难度立方体中分析、概念和陈述维度方面的内容。

案例特定问题。案例特定问题已经在"用于课堂的潜在讨论问题"标题下作为教学建议书的一部分进行了讨论。如果学生还没有把这些主题当成正常的课堂讨论的一部分，它们注定变成在课堂上提出的特别有用的问题。

许多案例特定问题可以从表 5-2 列举的一般性分析、概念和陈述问题直接扩展而来。例如，"在你的分析中都有什么内容？"可以转换为"表 2 中的财务报表披露了什么内容？"再如，"哪些理论或概念可能有用？"可以转换为"如果产品价格为 7.50 美元，你认为盈亏平衡点应为多少？"又如，"有哪些信息被遗漏了"可以转换为"你如何知道目前的业主可能会以怎样的价格出售公司？"

表 5-2　案例讨论的一般性问题

一般性流程问题

· 为什么？你可以用不同的方式解释吗？

· 请你重复一下刚才所说的话好吗？

· 对刚才你所说的还有什么需要补充的吗？

· 你说的是这个意思吗？

· 你是否同意 X 刚才所说的呢？

· 下一位，谁来发言？

· 谁可以在刚才讨论的基础上补充一些不同的、新的论点？

· 谁来总结一下呢？

· 可否进入到下一个议题？

· 我们还有多少时间呢？

· 我们是否有充足的时间来……

一般性分析问题

· 问题是什么？

· 我们应该站在什么立场上？

· 为什么会出现这个问题？

· 问题必须在什么时间前解决？

· 什么是最紧迫的问题？

· 什么是基本问题？

· 这个问题有多重要呢？

· 这个问题有多紧迫？

· 你是怎么分析的？

· 你建议什么样的备选方案？

· 你的决策标准是什么？

· 什么是最优的备选方案？

· 你会预测到什么结果？

· 你的行动或实施方案是什么？

一般性概念问题

· 哪种(些)理论、哪种(些)概念、哪种(些)工具或者技术是适合的，有用的？

· 哪种(些)理论可能相关？

· 谁能解释那种(些)相关的理论、概念和技术是什么？

· 你在今年的(往年的)这堂课(其他课)学到了哪些可能适用的知识？

· 课本(文章、阅读材料)讲述了什么？

一般性陈述问题

· 案例中有哪些信息是支持这个观点的？

· 在案例中哪个地方可以找到与此相关的信息？

· 案例中哪些信息跟这个问题相关？或不相关？

· 哪些信息缺失了呢？

· 你做了什么假设？

对案例特定问题，教师总是需要进行复习，哪怕他已经重复数次讲授过同一个案例，而一般性问题已经成为教师的下意识技能，根据需求信手拈来。

聆听

聆听不仅意味着听见某人的话，还意味着能够评估发言者对案例信息的理解和运用，以及对讨论过程的贡献。我们告诉学生有效参与案例讨论的秘籍是聆听和思考同时进行。引导有效案例讨论的道理也是一样。在学生发言时，教师必须倾听、理解、反应并决定如何回答。

沉默也有作用。参与者发言后或者教师提出问题后，沉默一段时间可能是适当的。半分钟的沉默也许看似永恒，但是，真的没有必要让发言充斥每一节课的分分秒秒。学生和教师都需要一些时间来反应。知道何时说话、何时沉默、时间多长，都是参与式教学智慧的组成部分。

一个学生可能会发言4~5分钟，教师也许能就此回应其中的数十个问题。抓住正确的那个问题，教师因而可以把讨论引导向自己设想的方向，同时也意味着学生的这个观点值得进一步扩展，这点不容易做到。另外，教师必须学会有所选择地倾听，这样教师就可以即时思考。当这个学生还在发言时，我下一步应该把讨论引向何方？

回应

在管理参与流程时，一个与提问同等重要的技巧是能够对学生的发言作出回应。

回应意味着教师要在下面的多项方法中进行选择：①重复并澄清当前发言人的观点；②为作进一步的评论进行追问或详细描述；③诠释；④在推进前进行总结来结束某些问题；⑤用过渡来转移讨论话题或用连接来建立新的讨论；⑥挑战发言人，让他看到论点的另一面；⑦感谢及肯定发言人；⑧评估；⑨提供信息或评价，以解释某些事实或强调某些观点；⑩打断；⑪非语言回应；⑫做记录以证实观点，并保留之以便未来参考或分析。

(1)重复和澄清式回应。案例教师给出的最简单的回应也许是，"请你重复一下刚才所说的话好吗？"课堂可能很嘈杂，同时发言者声音过低教师无法听清楚，因此，"请你再重复一遍，大点声好吗？"也成为经常使用的回应。有时候，采用重复回应可能是为了强调某一个很值得强调的特别重要的观点或看法。

澄清要么是诠释，要么是重复。"这是你的意思吗？"这句问话代表着教师正试图通过自己的语言把参与者的真正意思表达出来。如果教师的措辞与参与者不同，澄清就变成了诠释。

(2)追问或详细描述式回应。对教师而言，一个常见的挑战就是对付那些总结时过度简洁的参与者。"我认为第一项备选方案最好。"现在，教师的任务是要开始提炼推理过程了："为什么？"或者"请你给出理由说明为什么第一项备选方案最好？""你的推理是定性的还是定量的？"或者"第一项备选方案的核心优势是什么？"

教师投入到一系列的"多说一些"的各种问题中，以确保大家都能够理解参与者的推理。

哪怕是对可以用复杂句子表达观点的参与者，为确保理解的一致性，教师的详细描述回应非常有用，这种回应偶尔也有同学参与。三种最常见的提问方式包括，"为什么？""请进一步解释"以及"还有什么要补充的吗？"。

（3）诠释式回应。如果认为参与者用不同的措辞表达意思可能更加清楚，教师会采取半评估性质的诠释式回应。例如，"换句话说，你是不是要表达，如果将此产品定价在这个低价上，意味着要保持收支平衡，这件产品必须要占据 40% 的市场份额？"

（4）总结式回应。教师可以在案例讨论的多个阶段包括做结论时采用总结式回应。从最简单的意义上说，总结式回应几乎可以在记录观点的全程使用，"我可不可以把你的观点总结为，这个选择（或备选方案）过于昂贵？""因此，你到底是支持还是反对这个选择呢？"是打断言语冗长的参与者的一种手段。

对某一作业问题或案例的关键观点进行讨论之后，教师可能请一名参与者对前面的讨论进行总结。比如，"谁来总结一下到目前为止大家对这个选择、分析、情景……所表达的观点？"或者教师可能希望自己来总结，"既然我们已经有机会考虑并讨论了这个问题，我们有充分的理由认为，再也不能让这种情况持续下去了，我们必须找到一个方案解决这个问题"。

如果是教师进行的课后总结，可以对主要观点进行回顾，"你可能希望仔细考虑一下玛丽、彼得和珀尔对这个案例的看法，因为……"

否则，教师可能选择强调主要学习点，"请大家注意，产品不可能在真空中定价。其他需要考虑的关键因素如下：……"

（5）过渡和连接式回应。过渡性回应的目的是把讨论转移到另一个发言者身上或另一个主题上。"让我们听听玛丽在这方面的看法"或者"有哪位同学可以对这个具体问题增加点看法吗?"以及,"我想我们在这问题上花费的时间已经足够多了,我们进入到另一个问题吧"。

在许多参与者都迫切想参与的课堂上,教师可能希望安排好次序:"埃塞尔先来,然后是约翰,第三轮到李。"如果说一堂出色的案例课是建立在不同个体各式各样的贡献上面,那么,教师的部分贡献就是要确保其中顺序的逻辑以及对整体性的强化。全班集体对一个建设项目作贡献。

教师的连接性回应确保了有水泥、黏合剂和其他紧固件来支撑项目结构,保证不让它断裂。此类典型的回应是,"你所说的跟前面发言人的观点有怎样的联系?"教师不仅要将讨论中的某一观点跟另一观点联系起来,甚至还要将这节课和另一节课、本门课的这一部分和另一部分、本门课和其他门课,以至本门课和整个项目联系起来。通过这种方式,教师可以提供黏合剂,把整体结合在一起。

非常关键的是,每一天都要让学生心里明白,在自己所漫步的智慧之旅上,他们现在走到了哪个地方。除了大纲和教学建议书,教师还应该定期跟学生说明,"这是我们已经走过的地方,现在我们正在这里,我们正在往这个地方出发"。

不断提及旧案例也很有用。一些教师试图记住在特定的案例中,某同学所处的某个立场。这样说会加深同学的印象,"在上周的案例中,蒂娜是这样看的,现在请跟这个情境联系起来。"这样教师就可以鼓励大家学习更多,因为学生会突然开始思考,"这事情很重要啊;有人在聆听我的发言。"

(6)挑战式回应。挑战式回应鼓励参与者从自己论点的反面来阐述问题。"现在，请讨论问题的另一个方面。负面因素都有哪些?"此种回应常常与下面的假设联系在一起，"设想你所做的假设不成立，资金不足，那么你的观点、结论和建议会受到怎样的影响?"

（7）肯定式回应。教师对参与者课堂贡献表示肯定的方式除了点头示意以外，最常用的客气方法就是简单地说"谢谢"或"感谢你的贡献"。

（8）评估式回应。教师可以充当评估者角色对参与者的评论进行评估。负面评估如，"我认为你没有了解事情的真相。"或者"你确实知道你在说什么吗?"（此处采用怀疑语调）

可以这样发表正面评估："这是非常好的评论"或"真是开了个好头"或者"祝贺你，这是我见过的最出色的分析了。"

另一种评估方式是，教师对学生的观点不做记录，至少对做记录表示犹豫。此外，还有一种不同的评估回应是，教师很快地把话题转移到另一个发言者身上，不让前面的发言人详述或展开其观点。

很多教师认为，在课堂上做评估式回应，把参与流程转变为学生与教师一对一的交流，参与者的参与目的是为了取得教师的认同。因此，教师应该设法避免在对学生具体贡献的价值进行评估时，只简单地进行特别的正面或负面回应。也因此，教师要记录下所有的观点，无论其好坏，并在课程一开始就跟学生解释清楚，教师期望参与者们自己拿定主意，赞成或反对那些已经表达出来的或已经记下的具体观点。

同样，在课堂讨论中，教师要关心和支持所有的参与者，无论其观点非常值得怀疑还是显得很正确。

（9）通告式回应。案例教学教师总是可以选择对案例本身，或其基本问题或理论观点进行通告式回应："是的，我在访问这家公司的时候（或者类似的公司或者当我读到某篇文章或看到某个网站）发现行政人员与一线工人的比率是大约为 1 ∶ 15。"

教师可能希望启动一个小型的讲座，或者复习阅读材料或其他理论或概念性材料，"我们先把案例放在一边几分钟吧，阅读材料为分析这个问题提供了怎样的方法？"或者"谁来解释一下 X（当前这个领域的大师）是怎么看待这个问题的？"或者"我来试着解释一下这个理论试图说明些什么"或者"前面三次课我们是如何学习怎样恰当地应用这个技巧的？"

强化案例或相关问题的一个常用方法是从不同的媒体引用时下发生的新闻事件："……强调了这个高管的薪酬问题。"

（10）打断式回应。如果某个参与者花费太多时间来解释一个简单问题或者言语相当不明确，教师可能想打断其发言，并提供一个包括总结、复述或澄清的回应："请让我在此打断一下，这是你想表达的意思吗？"

（11）非言语式回应。除了言语回应，教师经常采用非言语回应的方式，或用于替代言语回应。微笑是友好的回应，皱眉则相反。点头表示鼓励，摆手让大家安静或引导大家合作或指向下一个发言者，这些都是用以表达下一步行动的最快指令。所有的回应方式无论是言语，还是非言语回应，都包含着文化背景因素，也是教师个人风格的见证。所以，本章还涉及其他有关参考内容，包括教师的动作、幽默的应用和教学风格。

（12）记录式回应。通过记录某一位学生贡献出的观点，教师通常也强调了此观点的价值。板书所占的空间越多、板书越长，表示其观点越受欢迎。因此，记录观点可视为对学生的奖赏。教室里黑板空间有限，不可能保留所有的观点，故而，那些平庸的问题将被清除。在兴致勃勃地擦除黑板上有价值的观点时，教师可以这样说，"如果我擦掉你的观点，请别不高兴。"

由于板书记录也需要总结和诠释，因此，一些回应，如"可以这样写（概括）吗？"或者"我是否正确记录了你的观点？"可用来当作反馈环路。

提问和回应结合

某些提问和回答经常是组合进行。例如，教师请学生自愿发言时，典型的初始问题和随后的回应是这样组合的：

（1）谁愿意第一个发言啊？

（2）你打算谈论哪方面的问题？

（3）你那样说是什么意思？

（4）你还想说些什么吗？（在我提问别人以前）

（5）谁愿意接下来表达观点？或者，谁赞成前面的说法？或者，谁不赞成前面的说法？或者，谁要对前面的说法作补充？

这类组合经常是以非指示性形式开始。（关于教学风格的讨论，请参照本章后半部的相关主题。）

如果请某一学生回答作业问题，可以这样组合问题：

（1）克里斯，请你回答下一个问题好吗？

（2）你有没有进行计算？

（3）你的数字要表达什么？

（4）你是否可以通过别的方法解读这些数据？

（5）你为什么相信这是一个可行的方案？

（6）你的决策标准是什么？

（7）你的定性分析是什么？

（8）你将如何施行自己的建议？

这个例子展示了教师在要求同一个学生进行连接、分析、决策和实施的情形下，指示性较强的风格。

记录贡献

每一位教师都需要习惯于自己在课堂上做记录的角色。"我的角色定位是否包括'课堂讨论秘书'工作？"如果答案为"不"，则有把握假设课堂上无须对观点作记录。我们曾遇到过有的教师试图通过一个记录员把课堂上不同参与者的观点全部在黑板上记录下来。结果总是记录员跟不上趟或者无法记录下教师希望看到的内容，这样，教师就很难引用前面的观点。如果记录员是由另一位教师或者助教担任，财务成本将会大幅增加，如果由自愿者或者指定的学生担任，则他们就失去了参与课堂讨论的机会。基于这些理由，教师一般会将记录工作包含在自己的教学任务中。

大部分教师认为，留下课堂上关键内容的可视化记录至少对教师自己很有帮助，通常也对参与者有益。有些案例，尤其是在组织行为学领域，一些要点是必须进行可视化记录的。然而，记录会使讨论速度放慢，而且不可能覆盖全部内容。因此，教师必须有所选择，用认可观点的方式来"奖赏"某些学生，同时，忽略其他人。记录观点的好处是，视觉和听觉的强化组合提供了一个共同的参考资料，同时使回忆整个讨论过程变得更容易。

在此流程中可以采用很多种设施，比如黑板、白板、电子板、活动挂图、投影仪和屏幕等。教师记录工作的好坏，会影响课堂讨论的质量。

黑（白）板。黑板也许是记录案例讨论最常用的工具，同时也发挥很多作用。最重要的作用包括：记录课堂评论的焦点；一个令讨论结构化的工具；一个强化的工具；一种澄清观点、进行计算或作出解释的途径。

作为记录功能的一部分，教师到底应该在黑板上完全记录学生的原话呢，还是对这些话语进行总结和诠释。在此再次申明，这点要根据教师希望达成的目标而定。因为害怕出现偏见或干预太多，大部分教师喜欢把自己的记录做到原汁原味。对这些教师而言，记录仅仅是把讨论要点呈示在全班同学面前的一种手段。不过，必须承认的是，记录某种说法，意味着对这种说法的隐性强化已经产生。

记录需要借助某种速记形式，因为永远没有足够的课堂时间和黑板空间，让教师对学生观点进行逐字逐句地记录。哪怕是速记，也几乎没有足够宽大的黑板供教师记录下整堂讨论课的内容。基于此原因，教师有必要擦除某些观点，或者在配备滑动黑板的课堂上，把这些观点隐藏在后面。明白了这点，教师或许会下意识地节约黑板空间。这充分意味着教师会千方百计地拒绝记录缺乏分量的观点。哪怕稍微犹豫一下，教师也是在给全班传递一个信号，即在这点上教师可能不是太愿意做记录。如果教师希望鼓励大家对形成的观点提出异议，全班同学最好能够意识到这个意图。在这种情形下，教师的评价如"我所做的只是在黑板上记录观点，你们要负责评估这些观点"将非常有用。

正如在案例教学计划中建议的一样，很有用的一点是提前计划并设计好板书的图形、图表或计算细节，以防尴尬局面出现。可以应用同种色彩通过下划线和画圈方式突出重点内容。

板书上要点的易读性和教师速记方式的可辨性都很重要。教师最好时不时走到教室后面，看看黑板上记录的内容是否可以读得懂。

教师并不总是能够意识到学生需要花费多少时间来做适当的笔记。通过在黑板上记录要点，教师可以控制好后面的课堂速度。

板书最大的缺陷是教师必须背对学生。投影仪解决了部分问题。

投影设备。很多对板书适用的建议也同样适用于投影设备。投影设备除了可以让教师持续面对同学，还拥有优于板书的其他显著特征。

教师可以运用事先准备的材料，这点非常有利，对书法不好的教师尤其如此，因此加快了进程。使用这些材料，没有必要擦除写好的结论。使用这些材料，可以返回，回顾整节课的记录内容，甚至可以把它们分发给学生，令学生们能够把精力集中在课堂讨论上而不是做笔记上。在酒店或其他无法获得一块合适的黑板的地方，如果有一张足够宽大的屏幕，投影设备可以说是最合理的选择了。如果一个人对图表和幻灯片的使用非常熟练，那么他/她在使用投影设备时就无任何限制了。

不过，如果采用过多事先准备的投影胶片或电子幻灯片也是危险的。学生可能会觉得教师只是想讲授并减少他们课堂参与的时间。

此外，投影仪并非万能药。教师很难同时既盯住投影仪又观察学生；学生在需要互相关注的时候，却可能会将注意力过分集中在教室的前部。与提供讨论的全貌相比，投影仪更适合用来表现具体的问题点。

电子投影。除了事先准备的演说材料，教师还可以根据不同的"如果……将怎样"情境模拟，采用电子投影手段在课堂上提供互联网在线信息、即时计算等内容。

电子投影的一个缺陷是，记录任务不像采用板书或幻灯投影那样容易处理。因此，大多数案例教学教师会根据具体教室的设施情况，采用投影和板书相结合的方式授课。

教师的动作和声音控制

案例课堂中教师的角色，不局限于此前我们所讨论过的提问、回答和记录。教师提问和回答的方式以及相应的身体语言，音量大小都体现了教师的热情、兴趣和支持程度。

在示范课堂的讨论中，琼斯教授尽管大部分时间是站在黑板前或教室中间，但是，他是在整个教室里走动的。有效的身体移动，可以协助教师完成几乎所有的和控制案例讨论有关的任务。

此外，有效地利用声音高低和讲话语速可以强化教师试图传达的教育信息。问题的提问方式也传递出某种信息。肯定的语气和具有攻击性的身体站姿与柔和的语气和放松的身体语言，它们所传递出来的信息会大相径庭。

朝一个学生走去，意味着教师希望学生能够尽快总结其观点，慢慢离开一个学生则可能意义相反。背对某部分学生意味着教师在传递这样的信息，"我现在不希望听到你们的发言"。教师走动的速度和语速也会对课堂的节奏产生影响。手势和点头可能是制止或鼓励参与，要求讨论主体从一个人过渡到另一个人。

教师不仅要发出非语言信号，同时也在接收非语言信号。通过关注眼神交流、嘈杂程度、身体位置或旁边的议论，教师会意识到是时候重新引导案例讨论，或改变讨论节奏或做结论了。

一些教师发现，通过选修表演课程来强化有效的身体和声音使用很有用。教师不可以在快速走动的过程中总结要点，相反，要站直了，慢慢地、大声地把要点说出来。生动地使用声音和身体动作，能够把原本普普通通的一堂课变得很精彩。

对参与的管理

教师可以通过多种途径，处理课堂参与管理的问题。前面我们已经讨论了应该先对谁提问、应该从哪个问题开始。

下面继续讨论在课堂讨论剩余的时间段里，决定向谁提问、给谁发言优先权的问题。

如果课堂中举手的学生不止一个，而举手者都没有出现在教师的优先自愿发言者名单中，教师应该叫谁发言呢？举手时间最长的还是疯狂挥手的那位？最近没有发言的或是昨晚表明"我已经完全准备好了明天的功课"的那位？

这里还涉及讨论的规范问题。参与者需要通过举手发出信号吗？在别人发言时，他们是否要一直举手不放？挥手有用吗？教师是否需要这样表示"下一个轮到莎莉，接下来是卡尔和汤姆？"可否打断讨论还是要完全遵从教师的旨意？没有教师指导也能顺利进行的课堂讨论通常是好的课堂讨论标志。琼斯教授的课堂就做到了这点，他一直在旁边做记录，根本没有参与到课堂讨论中。走到教室后部意味着教师在传递这样一个信号，"你们在按照自己的方式进行，请继续"。每一个案例教学教师都必须制定出一套为自己和学生所接受的课堂参与规范。

处理参与问题

教师管理参与问题的一部分任务就是要处理下面四类问题：参与不足、低质参与、过分活跃参与和不良参与。

本章将重点研究教师如何在课堂上处理这些问题。有时可能有必要请某个学生或一个小组到办公室交流，这点将在第七章讨论。参与不足问题，只通过课堂方法根本无法得到充分解决。

参与不足。任何课堂总会存在很少参与甚至没有任何参与的学生。80 分钟内，很难让超过 30 人的课堂里所有人都能进行有意义的参与。因此，如果班级人数多于此规模或者时间更短，显然一定会有部分同学无法参与。最大的困难是如何防止同一个人屡次不参与课堂讨论。部分难度是，在案例教学这种要求高参与度的教学方法中，任何一个屡次不参与的个体都会游离于团队之外，感到无法介入团队，挫折感就产生了。有人也会试图通过"自我心理刺激"来参与到课堂中。如果成功，他们往往会感觉好些。如果失败，他们会感觉更糟。如果后者发生，长此以往，参与者会感觉到再也无法参与课堂活动；每次课都烦恼堆积如山，心情真的变得无比沮丧。

参与意愿和参与能力之间并不存在明显的相关性。很多能力差的学生经常自愿发言，而能力强的学生却总是无声静坐。教师可以采用多种办法来帮助参与不足或非参与学生。

确保参与最普遍的做法是对参与不足者提问，提问可以预先打招呼或者不打招呼。预先招呼可以"软化"提问带来的冲击。同时，对某学生提较简单的问题也不失为一个温和的开端。

部分教师在上完 3 到 4 次课后，专门让那些以前没有机会发言的学生担当起讨论的任务。这种方式恐怕只能在课程的最早期使用，这样确实可以核查个体的参与程度，但是可能带有比较严重的惩罚意味。

另一种方式是把全班同学的名单放到一个小帽子、篮子或大杯子里，请某位同学抽选，以确定参与顺序。这种方式可能会让课堂讨论气氛变得紧张，因为课堂讨论会因此而缺乏在以自愿发言为主的情境下，那种自主性和自然流动性。

另一个选择是教师这样说，"对这个案例，每个人至少要提出一个看法，而且不能重复别人的观点，也不能只是复述案例事实而不做任何评估或推断"。然后，连接向同一排的第二或第三个同学提问，使讨论能够在课堂中快速进行。如教师不是在试图填写满黑板空间，从问题定义到分析、从备选方案到实施过程进行全方位的评论，这种方式还是相当有效的。这种方法不考虑顺序，直接的结果通常是对案例中几乎所有问题都进行了合理的评论，但是，过程紊乱，教师可能不得不进行面面俱到的总结。

也可以在学生参与后，让他们自行选择后续发言人。

经反思，很可能的情况是这种努力真正的收益在于强调参与的重要性，而不是参与技巧本身。

低质参与。学生们尽管已经参与，但是精神状态和质量都不理想。他们有可能没有很好地准备，结论或许缺乏深度或者不着边际。如在第四章所讨论的那样，教师必须说明自己所期望的工作质量，并强调课堂必须履行这些规范。

经常容忍低质参与行为将降低课堂水平。有时候，教师有必要借助其他手段。例如，可以要求学生复述下一节课的案例或递交案例笔记或案例准备表。另一个尤其奏效的方式是暂停讲课，在课堂上提出问题："看看，为这节课我准备了很长时间，我也希望大家都做好准备才来上课的。但是，目前我的印象是大部分同学还没有做好准备来参与到严肃的讨论中。我说得对吗？到底怎么回事？大家说说看。"

有些教师认识到，尤其在大班上课，并非每个想参与的学生都能得到被识别的机会，这个问题可以通过粉红（黄、绿、红、蓝等）卡片方式解决。因此，在一门课程中，班里每一个学生都有一到四次机会举出卡片，以获得被识别的机会。举卡片者比没有举卡片者享有参与优先权。课前，教师先解释使用卡片的规则和局限，此后，完全由学生自己决定什么时候、是否履行此权力。这种色彩卡片确实能够让犹豫不决的参与者在对自己的发言质量充满信心时，获得发言机会。

过度参与。正如可能会出现不活跃的参与者，课堂也不乏过度活跃的参与者。一般而言，处理后者比处理前者要容易得多。教师可以忽视他们的举手发言要求，也可以邀请个别学生到办公室，请他们低调一些。教师同时要明确表达，每一个学生都有责任和机会参与课堂讨论，如果他们占用的时间过多，自然就侵占了其他同学的发言机会。

教师可以通过其他手段管理过于活跃的课堂，例如，可以把每个人的发言机会限制在一次、两次或者三次。

不良参与。这里指的是可能在讨论中出现的空洞、无关或不恰当的评论。再次强调，每堂课都要有一些自身的纪律来约束这种评论。如果教师试图把讨论维系在某一个点或领域上，要求参与者只关注这个领域是恰当的。在批准任何人发言之前，教师甚至可以这样提问，"你的发言是否针对这个论题？"在论题有关但顺序有误的情况下，很容易这样说，"我们等会儿再来讨论这个观点"。

不过，处理不良参与是一件难事。首先，教师必须绝对明确，不可以容忍粗鲁和歧视性评论，也不容许文化或性别敏感性的词语出现。在参与者第一次使用不受欢迎的语言时，教师必须介入并提醒发言者和全班同学，本门课程不允许运用这类语言。

对于其他类型的不良参与，可以在课后直接跟相关的学生交流。

处理与材料相关的问题

缺乏防备心的教师应该意识到，与案例材料相关的潜在问题是存在的。这些问题包括：信息的缺失和假设的提出、参与者在课堂的提问以及案例的质量问题。

信息的缺失和假设的提出。很难找到一个完美无缺的案例。自然而然，参与者对案例的阅读和理解的方式会有所差别。他们被迫生存在信息缺失的现实中。这也会令学生养成一种习惯，没有准备案例就来上课，或者觉得很挫败，因为他们认为自己没有得到必要的信息。对此，教师必须这样申明，"第一，为什么缺失的信息对你如此重要，它们对你的结论有什么影响？第二，在那种环境下，你做怎样的假设才是合理的？第三，对这个组织的决策者来说，正常情况下是否可以获得这些信息？"

预测就是一个典型的例子。参与者很容易说，"这个预测质量低劣，因此，我无法制订任何计划"。良好的预测很难做到，良好的计划应该把许多意外事件考虑在内。

信息的缺失和假设的提出是案例教学法的一个组成部分。《毅伟商学院案例学习》第三章就提出建议，引导学生如何处理信息缺失和提出假设。

应该把缺失的信息标识出来：相关信息缺失。根据定义，案例不过是"现实生活情境的一部分，其中有很多缺失的信息"。信息缺失的一个可能性是案例作者有意或无意地把这些信息舍弃了。如果是故意遗漏信息，有可能是案例涉及的企业中管理人员的要求或者是出于教育的目的。另一个原因可能是实际生活中，就是决策者本人也无法获取这些信息。

这里涉及很多不同的理由。如果现实生活中决策者可以获得这些信息，但是却没有在案例中提供，则可以要求作者修改案例。另一个选择是将这些信息当成案例作业的一部分，"假设去年的实际销售量为 75 万件，单价为 12 美元。"如果为了教学目的而故意舍弃信息，教师可能需要在课堂中解释原因，"我之所以不给大家提供去年的实际销售数量和均价，是因为我想让大家通过研究二手资料来预测，看看你们的判断结果与实际数字有多接近"。如果数据是应案例所在组织的要求而舍弃，在课堂上简单解释一下就可以了。

如果案例中的决策者没有获得这些数据，教师可以询问参与者，这样是否合理？数据是否可有被获取的可能？到哪里能获取？获取这些数据需要花费多少时间和成本？这些数据对案例中的分析或决策会产生怎样的影响？

对于有诸多借口来回避认真地准备案例的参与者而言，一个惯常的借口就是，由于信息缺失，所以没法充分准备案例。在实际生活中，几乎没有一个决策者在决策之前，能够获取他们想要得到的全部事实。因此，在案例准备和讨论过程中，提出假设其实是很正常也是很重要的要求。

《毅伟商学院案例学习》第三章概括了常见的五种假设类型。对于拥有丰富工作经验的参与者们而言，没有必要过多强调背景假设和"正常事务"假设。但是，对工作经验不丰富的团队而言，这就不一定是显而易见的了。决策标准假设总是要求明确作出。如果学生无法自觉做到这点，教师必须给予协助。

"如果－那么"假设是假定所选择的备选方案将能完美实施，需要退回到原来的位置进行思考。"如果当时跟总裁的会见没有取得如期效果，你那时会怎样做？"这是教师或参与者经常提出的标准反问。"是不是所有的人都同意这个观点？"这是引发班级对这类假设进行回应的一个好办法。"完人假设"（The"perfect person"）也可以通过类似的方式处理。

在既定的案例背景及其与要解决的问题之间关系的条件下，可以，也必须对假设的合理性提出挑战。那些从来没有明确提出过的所谓的隐含性假设（Hidden assumptions），可能会阻碍对备选方案的建议或选择，从而得出令人不满的解决方案。"我假定这个方案过于昂贵，所以，不建议采纳。"就是一个潜在的隐含性假设例子。教师和学生都需要明确将此类隐含性假设表述清楚。

课堂中参与者的问题。案例材料本身可能会让学生内心产生问题。教师不应该忽视那些有关的问题。一般来说，教师可以把那个问题交回给此学生或其他同学，问："你是怎么想的呢？"但是，千万不要在全班同学不感兴趣的问题上面花费过多时间。在课堂上消磨时间是学生的专长。他们最常用的游戏方式就是向教师提问，"根据您的看法或根据您的经验……"或者，"您能否向我们多透露一些有关这家组织的情况？"回答完这类问题，十到二十分钟很快就过去了。教师是该案例作者时尤其如此。一般而言，这是学生的拖延战术，他们希望教师多谈话而不是自己参与其中。经常抵挡不住此类诱惑的教师往往会发现，在课堂上，他们总是缺乏足够的时间来完成更重要的事情。

另外，教师也可能会发觉自己处于不得不表达"我不知道"的境地。坦率地说，采用案例教学，教师不了解情况的可能性会大幅度增加。案例方法涉及处理大量的企业信息。假定教师对每个案例的每一个方面都拥有全面的知识是不合理的。在教师有理由无法了解这些信息的情况下，在课堂上说"我不知道"完全符合情理。另外，如果事实反映出来的是教师没有进行充分准备，学生完全可以质疑为什么教师不充分准备却可以逃避责任，而学生却不可以这样做。对第一种情况，学生可以依靠自己提出见解或提供信息。

案例质量问题。某些案例还存在另外一种问题，可以将之称为"质量问题"。语言、拼写、语法结构的错误，都会令读者沮丧，从而妨碍学生进行充分的案例准备。语言可能产生误导，致使一部分同学如此理解，另一部分同学却有另外的解读。日期、数据和其他事实可能会导致混乱或矛盾。例如，案例某个地方说去年的年销售额为五百万美元，另一个地方却变成了九百万美元。也许这些事实差异是有原因的。公司的实际文件也会存在错误（不要把后一个错误跟案例中角色表达不同意见相混淆，意见相左是现实生活中的事实）。如果问题是由于案例写作不当导致，参与者应该尽量回避。最好的处理方式是在开始选择课程材料时，尽量减少选择类似的案例。教师必须随时处理课堂中出现的任何问题，"我之前没有意识到这是个问题，我们马上处理。我保证以后有人用这个案例时不会面对同样的问题"。

教师可以在课后向作者反映案例存在的问题。如果无法做到这点而教师将来还要使用这个案例，他可以在作业资料或另外下发的材料中将问题纠正过来。在任何情况下，如果案例作者不是教师本人，教师无权更改任何案例内容。

促进决策和实施

案例教学法的核心目标之一是培养参与者的决策能力，也就是说让他们在分析的基础上找出问题的解决方案。因为参与者经常倾向于回避做决策，教师可能需要通过某些特殊的举措，促使学生从分析问题到做决策、从做决策到制订行动和实施计划。从逻辑关系分析，决策和行动/实施计划一般是在课程结束阶段制订，因此，它们面临的最大风险是缺乏足够的时间被认真对待。很多教师会单独腾出一定的时间，让学生在这些非常重要的阶段进行实践。

在案例的讨论过程中，学生往往会提出几个备选方案。课程结束后，可能没有做出任何决策，也有可能没有得出任何具体的结论。教师的计划可能是让讨论保持在悬而未决的状态，以此激发学生进一步思考案例，形成自己的结论。

不过，为了促成学生在某一个问题上观点的冲突或提高他们对自己观点的信心，教师可能会通过投票方式，强制班级得出一个结论。有时，课堂讨论的影响可以在课前和课后的两轮投票得到体现。

让班级从上课伊始就采取行动导向(action orientation)的方法之一是"反向链接法"(backward chaining)，这种方法意思是，首先要求提出行动方案，然后返回分析过程，这种分析方法可以给行动方案提供支持。

管理时间和次序

每一节课的时间都很有限，所以，良好的时间管理尤显重要。采用案例教学计划能够帮助控制讨论流程(参考第四章)。当然，教师还得不断地做判断，看看应该是把讨论推向下一个主题，还是进一步探索正在讨论的主题。

管理时间需要正确的作业和讨论主题、合理的板书计划和纪律意识，两者都是为了从众多观点中整理出细节信息、证据、事实和说明。有时可能需要这样的评论，"吉姆，我知道这是一个很有趣的问题，不过，我们暂时把它放在一边，因为我们现在还在讨论关于短期战略的问题。在讨论长期战略问题时，我们再回到你提出的问题"。在喜欢采取高指示性教学风格的教师看来，这种程度的课堂控制方式非常关键。

指示性风格不强的教师认为，控制会带来成本。在课堂上自发性和积极性都会因此而减弱。

　　偶尔会出现这样的情况，某一个学生在课堂一开始就对案例进行了出色的分析并做出符合逻辑的结论。因为他做的工作已足够多，继续讨论下去显然没有太大的必要。这样的陈述可能被证明是一个获得更佳讨论结果的跳板，比没有强。但是，一旦课堂有机会围绕这个陈述进行讨论，如果没有哪一个同学可以得出比他更完善的结论，几乎就没有什么必要继续讨论案例了。继续讨论只意味着往死胡同里钻。这种境况跟"学习三阶段模型"中的个人准备和小组讨论一样，讨论来到了边际收益递减阶段。有时候，如果大家已经充分讨论了与案例相关的所有问题，不妨提前下课。

保持次序

　　必须设定一种合理程度的课堂纪律。不能让所有的参与者同时发言。人们必须倾听当前发言人的发言。缺乏课堂次序，像样的案例讨论将无从谈起。在这里，教师的角色与交响乐团的指挥相当。既要让沉默者提高音调，又要让听众安静，以便听得见别人的发言，同时阻止可能带来噪声的开小会现象发生。

　　在某些国家，课堂的嘈杂声比任何地方都高。人们倾向于窃窃私语，打响指，和别人同时发言，以及在别人发言时发出赞同或反对的声音。这会很有趣，但是，一定要对嘈杂声设置限制范围，否则，无法开始适当的案例讨论。

权衡取舍问题

在一堂案例讨论课上，教师要实施很多任务。目标多种多样。教师不但要关注问题清单和已经确认的问题，同时，还要关注所有教师在任何境况下都必须完成的共同任务和目标。所有的问题加起来就变成了一个非常复杂的任务，在讨论过程中要不断处理权衡取舍问题。困难的是，其中很多任务的目标存在冲突。例如，任何教师的发言时间都意味着对学生参与时间的侵占。教师为了提高课堂效率而进行大量的控制，会削弱学生学习的责任心。教师主动打断讨论流程、指挥讨论，可能会阻碍班级履行自己的规则。一个希望用所有的时间在课堂上讨论理论的教师，则剥夺了学生练习解决问题、制订决策或实施计划的机会。因此，教师必须要学会处理权衡取舍问题。这里提到的权衡取舍问题相当复杂，只能根据整个项目和课程的理念解决。如果前一节课已经强调了其他观点，那么，本节课只完成特定的任务就可以了。

案例讨论中的幽默

幽默在案例讨论中不可或缺。幽默可以源于教师事先设计或自发出现。幽默也可以源于学生。对于紧张的课堂气氛，幽默（合适的类型且被文化所接受）是相当有价值的紧张缓解剂和情绪调节剂，从而建立一个严肃与趣味相结合的学习环境。显然，幽默感及其使用是教师个性和教学风格的一个组成部分。在决定是否在教学计划中采用笑话、漫画、趣事或引证时，很多教师显得很小心。有些教师则取决于当时的即兴或参与者在案例讨论过程中提供的幽默元素。每节课，都会有参与者发现某个情境的有趣之处，然后将总结说得幽默十足，或者有些参与者能在感到在需要幽默的时候，抓住最佳时机插入。这些参与者是积极、富有人情味课堂气氛的出色贡献者，他们能够让激烈的智力探求过程变得轻松快乐。

然而，不适当的笑话或尝试会把严肃的讨论变成闹剧，或者把重要的内容变得轻描淡写，这些都会有害于课堂讨论。因此，人们常把案例教学课堂的幽默比喻为厨房里的调料。适当的调料需要合适的量、在合适的时间添加。

案例教学风格

尽管开设专门的章节讨论案例教学风格，我们并不是要说服任何人，一种风格比另一种风格更优或者更差，或者说在某一种环境下某一种风格更好。不过，风格是案例教学中的重要组成部分，因为，风格既是教师个性的体现，也反映了教师对学生应该怎样学习持有的观点。

每个案例教学教师都必须决定自己的教学风格："我应该在教学和学习流程中扮演什么角色？我应该怎样发挥这个角色的作用？"教师教学风格的形成取决于他认为学生应该怎样学的观点。

在一篇有关教学风格的经典论文中，哈佛商学院的斯金纳（Skinner）和杜雷（Dooley）两位教授认为，信奉学生是唯一对自己的学习负责的教师倾向于在课堂上采用"非指示性"风格，并充当"促进者"的角色。在另一个极端，他们把指示性教师称为"指示者"，这些教师信奉自己是学习的主导者。斯金纳和杜雷主张教师应该分布在这两个极端之间，并提出一系列中间区域的可选建议，让教师按照不同程度与参与者分担学习责任。也许用"伙伴"

一词来表述"非指示性"和"指示性"两个极端之间的中点最为合适。

尽管教师都倾向于采用某种主导的教学风格，他们必须、实际上也会根据具体情况调整自己的教学风格，这些情况包括案例在课程中的地位、案例难度、可用的时间、学生质量、学习的优先次序、自己对案例方法的熟悉程度等。例如，可以在案例课程开始阶段采用指示性比较强的方法，在学生自信心和参与能力提高、对课程内容理解更深以后，在后阶段才采用偏向于"非指示性"的风格。哪怕在同一节课，教师也可以采用多种不同的教学风格讲授。

表 5-3 列举了不同的教学风格，显示教师对学习责任的观点与课堂指示性程度之间的关系。

表 5-3　指示性、教学风格和学习责任

	指示性 Directiveness		
	低	中	高
教学风格	促进者	伙伴	指示者
学习责任	学生	教师和学生	教师

结　论

本章讨论了与案例教学相关的一些需要考虑的事项，并对多种任务和角色进行了回顾。

幸运的是，随着时间的推移，案例教学流程会逐渐变得自然。如果案例教学还完全是一种有意为之的方法，教师们可能为之发疯。每个教师要么不断地问自己："我现在在课堂中是否在做正确的事情？"要么试图解决手头的问题。"作为教师，在课堂上我表现如何"这样的问题要让位于"我们是否全神贯注在这个问题上？我们是在解决问题吗?"那些真正以学生为中心，并且坚定地以解决问题为导向的教师，到目前为止只会在管理参与流程时出错。教师应保留足够的时间让学生发言，并为学生创造一个舒适的环境。这些都是案例教学的基本要求。

　　没有最好的案例教学方法。教师之间是互补的。课堂中，如果所有的教师都按照相同的惯例行事，采用一样的教学风格，一定会非常无聊。倘若如此，他们就变成了教学机器。

第六章　课堂评估

下课了，但是，教师的任务却没有结束。标准案例教学的一个基本组成部分包括每一节课后一个正式的课堂评估。课堂评估包括 6 个部分：①参与者评估；②案例教学计划评估；③材料评估；④个人评估；⑤课堂评估；⑥教学建议书评估和修订。根据我们的经验，很多教师的评估只关注其中部分内容而非全部。尽管没有必要在课后评估花费太多时间，但是，每一次课后立即进行评估的惯例很重要。

参与者评估

参与者评估涉及 4 个核心问题：①什么是课堂贡献？②为何对课堂讨论的贡献如此重要？③什么时候评估？④假定已经给学生不同形式的认可，教师如何评估他们的贡献？在第三章"课程计划"一节中，我们已经提到参与是否记入课程分数的问题。但是，必须注意的是，课堂参与评估是有经验的案例教学教师的一种习惯，他们不考虑是否对之加分。他们的目的是要确保在工作坊、研讨会、课程或项目中，所有的参与者都投入了全部的学习过程。通过对强者和弱者的识别，教师可以恰当地进行因材施教。

什么是课堂贡献?

　　课堂贡献可以以案例为核心或以流程为核心。以案例为核心与案例信息本身和相应的理论、概念有关。这些可以通过参与者的分析、选择、决策标准、决策、行动方案和实施计划表现出来。这部分内容占据了学生贡献的大部分比例。必须强调的一点是，只是重复案例中的事实并不是贡献。案例事实只用来支持分析或得出结论。类似"我同意约翰的说法"这样的陈述根本不是贡献，除非发言者能够加上另外的观点。

　　以案例为核心的贡献包括质量和数量两个部分。根据我们的经验，学生贡献可以通过表6-1的贡献方格表示：

表6-1　贡献方格

	低	中	高
高	大见解很少		大见解经常
中		期望见解经常	
低	小见解很少		小见解经常

质量

数量

　　数量低说明学生的参与程度没有教师期望的那么多，数量高则反之。质量低的分类从"很少且没有实质内容的简单评论"到"可以组成分析的一小部分"到"一些基本的解释性结论"。质量高表示进行了增值的贡献，加强了班级对问题的理解，为其他同学所引用。

以流程为导向的贡献与讨论流程、时机和方向有关。某个参与者可能会说，"我相信大家对分析说得已经够多了，下面我们谈谈备选方案"。或者相反，"我认为，我们应该就这个话题进行更深入的讨论"。或者"我听到了很多支持这个方案的评价，不过，我还想听到有关的反对意见"。通过以流程为导向的贡献，学生可以像教师一样，担当参与流程的管理者角色。

对课堂讨论的贡献为何重要？

每一个参与者都被期望对课堂讨论有所贡献。课堂讨论的贡献与一个运动员在集训中练习的意义相同。没有练习，运动员无法提高技能。另外，如果知道自己必须参与班级讨论，学生就会更加认真准备，并在小组和大组讨论中更加集中注意力。部分学生觉得对案例课堂的讨论作贡献是一件难事，我们鼓励学生把课堂讨论当成一种伦理要求，也是一个珍贵的机会。课堂参与是伦理的要求，因为每个学生在向别人学习的时候，也有责任跟别人分享自己的知识。只做海绵吸收别人的知识智慧是不公平的。此外，课堂参与也是一种机会，可以让学生提高口头表达思想的技巧、提高说服同事的能力，增强辩论、争论、思想交流、做出判断的技能。案例教学的核心就是提供机会让参与者在干中学、在教中学。

什么时候评估课堂贡献？

大多数教师下课后马上回到办公室静静地进行课堂评估。在课堂进行中对评估进行记录其实是扼杀了课堂的流畅度，让学生更加焦虑，分散了教师管理有效讨论和交流的注意力。通常不会在课堂上设置单独的"评分机"用以评价学生的看法。

如何评估贡献？

第三章就如何评估进行了简单的讨论。某些学校不允许以课堂参与度来评估学生的表现。另一些学校里，部分教授对课堂讨论贡献的评估目的只是为了给学生调整成绩，如从 C＋提高到 B－。另一部分教师则把课堂参与的权重设为 100％，当成评分的全部内容。大部分教师的评估标准介于这两个极端之间。在进行评估判断时，不同的案例教师使用的工具和技术有很大的差异。

下列 9 点指南在评估课堂贡献时必须考虑：

（1）设定合理的参与权重。每一位教师都必须给学生课堂参与设定一个权重，即在课程总成绩中所占的百分比。如果课程中案例只用一到两个，那么课堂讨论的贡献则不可占学生总体绩效太多的权重。案例越多，参与权重也应该越高。另外，学生人数的多少也决定了每一个学生可以参与课堂讨论的有效次数。对于 80 分钟的案例课堂，可以采用 25－30 这样的黄金法则实施。学生人数少于 30 人，每个学生每节课都有参与的机会。如果人数超过 60，每个人正常的参与次数只能是 2～3 次课一次。案例教学的课堂次数和班级的学生数量，都会对课堂参与比例产生影响，其在课程总成绩中的比例可以从 0％到 100％之间分布。

（2）认识学生。第二章描述了教师认识学生的很多工具和方法。案例教学教师经常采用的方式是花名册、座位表、班级照片来回忆各个同学在每一节具体课堂上的参与程度。如果课堂参与和总成绩有关，教师必须要知道学生的姓名。

（3）开发一个系统。为了给学生的课堂参与度评分，先决条件是教师可以制订一个方案、一个模型或者一种系统方法用来对学生在课堂上的贡献进行差异化甄别。有些教师通过文字描述进行，如差、满意、良好和优秀。一些教师则用1、2、3、4、5或者A，B，C，D的分类方式或其他编码方式进行。无论系统如何，都必须简单明了，有利于课后回忆和判断。

（4）系统的传达。如果教师决定通过课堂参与来评定学生的成绩，则学生有权利了解所采用的系统，教师也有责任向学生解释此系统。在课程开始时或者在课程大纲中，教师最好向学生澄清什么叫课堂参与、课堂参与的重要性、如何评估以及什么时候评估等问题。

（5）做记录。教师必须对学生案例讨论的参与评估进行记录。仅凭借记忆力是危险的。惯常的做法是，教师编制一个表格，纵向为学生名单，横向为每节课的内容，可以在每节课为每个学生做记录。同时，还可以在课堂布局表或班级照片复印件上记录参与情况。

（6）一致性。无论开始用的是什么系统和流程，这种系统和流程必须贯穿课程始终。

（7）每节课后马上记录。每一节课后保留一定的时间来回顾和记录所有学生的参与情况。老练的案例教学教师经常留有10～15分钟的时间来完成这个任务。只是在第二或者第三次课后才进行评估是没有效果的。

（8）提供中期反馈。在课程结束前，学生也有权利知道他们在课堂讨论中的表现如何。跟中期报告和考试一样，中期对参与状况的反馈给学生提供了一个机会进行必要的调整。反馈可以个别进行也可以普遍进行。反馈形式多样，可以是非正规的口头评价，可以是参与度评分表，也可以是一封正式信件。第七章将具体讨论如何给出反馈的问题。

(9)给学生提供辅导。教师对学生参与度的中期评估可能会引起学生的焦虑和挫败感。与案例教学相关的学生辅导问题基本上与参与度问题有关。教师必须腾出时间并且愿意跟这些学生交流。第七章专门讨论有关学生辅导方面的问题。

部分教师的做法甚至超过这些指南，他们为学生的自我评估和学生之间的相互评估规定了权重。在自我评估中，教师要求每个学生都按照课程总分的一个比例评估自己的课堂参与度。经验表明，多数学生的自我评估比较公平，与教师的评估一致。学生同样也会对同班同学进行评估。

另一种更进一步的同学互评方式是，请每一个同学推举出他们认为在班级案例讨论中，对他们的学习贡献最大的那些同学。结果经常是，在获得高票的10％的同学中，并非都与教师认为贡献最大的那些名字一样。教师可以以私人名义给这些同学写信，追加承认其他同学对他们的认可。

在采用自我评估的情形下，很重要的一点是，所有的参与者都必须明确班级讨论参与贡献是什么意思，了解上述指南2、3、5、7条的规定。无论是学生的自我评估还是互相评估，都不能偏离学习这个核心内容。

显然，对课堂参与评估和计分并没有唯一的标准，反馈方式也是一样。不过，如果一个教师选择对学生的课堂参与进行评估，则必须严格按照这 9 条指南进行。

案例教学计划评估

每一节案例课后，花几分钟时间对案例教学计划进行回顾很有用。议程是否正确？预计的时间是否符合现实？参与计划明智与否？板书设计行得通吗？在教学计划中加上注意事项，然后将案例教学计划放入案例教学档案中，为未来提供有价值的参考。

议程

对议程的评估涉及议程所覆盖的范围。出现哪些另外的原本就应该列入议程中的项目？所有的问题或核心主题领域是否已经得到充分讨论？教师需要确定，重新安排议程事项、措辞、案例问题次序是否能够取得更好的效果。

时间计划

时间计划评估明显与议程评估联系在一起。课程是否按照时间安排进行？时间偏差最大出现在哪个地方，原因何在？是原来的时间安排不合理，抑或是课堂中发生意外打乱原来的时间计划？如果没有按计划时间进行，是不是实际的做法或预期的做法更好？鉴于多数案例教学教师在时间计划上倾向于好高骛远，鉴于参与式教学过程很难控制，所以，可以预见会产生时间计划偏差问题。根据课堂和课程的学习目标，课后应该对在关键议程项目上所花费的时间进行评估，判断预计的教育价值是否能够在花费的时间内实现。

参与计划

对参与计划的回顾反映了花名册和优先自愿者名单的可行度。优先自愿者中实际参与的人数有多少？同时，也反映了课程讨论的不同阶段，点名和自愿讨论的比例是否合理。当时到底点名好还是自愿参与更佳？除了这个分别，也需回顾每一个议程项目中被点名的人数。对某一问题，当时提问另一个参与者是否更加合适？让有行业知识背景或经验的同学早些还是迟些参与讨论更好？谁在点名单上，却没有机会参与讨论？对参与计划的回顾为下一次使用案例提供了重要的经验。此外，在案例教学中，某一堂课的参与计划将成为本课程即将讨论的下一个案例参与计划的重要组成部分。

板书设计

板书设计回顾让教师能够了解原来的板书设计到底有多好，变异到底发生在什么地方。是否有足够的空间给出标准定义，是否写在正确的地方？对板书设计的各个部分也可以问一样的问题。有些教师喜欢在每次案例课程结束后，到教室后面迅速地做个判断，看看板书是否清晰、符合逻辑，符合原先计划的视觉形象。

对案例教学计划的回顾可以发现很多方面的变异。不折不扣地按照案例教学计划实行并不是课堂的教学目的，因为，这样做只能使案例教学课堂变得僵化刻板，对教和学都不利。课后回顾也必须承认，原来的教学计划并非最佳，任何变异都有可能发生。

哪怕原来的计划非常出色，课堂中也有可能发生无法预期的事件。例如，指定的阅读材料教师认为学生可以自我理解，实际上班里的大部分同学却难以解读；或是原来一直静默的某一个同学忽然开口说话，慢慢涉及一些相关的小点，这时候，教师希望他能够最大限度地发挥；或是某一条新闻涉及课程的重要主题领域，所有的参与者都很想就此展开讨论；或是必须对案例的某一个附件进行大量的解释；或是在讨论过程中，忽然发现课程中原来讨论过的某一个理论尚不明确，需要复习；或是某一参与者提出一个全新的说法，这个说法没有在教学建议书中出现。

所有上述问题都可能在课堂中出现，故而，课堂很难按照预计的教学议程、时间、参与或者板书设计实施。教师在回顾时进行判断的一部分内容包括，这些事件是否可以预测并应该结合到计划中去，因为这些变异使课堂变得更加出彩了。

材料评估

课后评估案例质量并不是一件易事。人们关注的第一点是：案例是否能够满足教学/学习目标？

学生对讨论的参与贡献质量也是衡量案例质量的一个好指

标。学生是否对案例问题很感兴趣？他们是否恰当地用到课程中的概念和工具？学生是否把本案例跟其他案例或/和其他课程联系起来？学生的交流是否活跃，有见地而且在关键点上？

案例的写作方式也会影响到案例的课堂讨论质量。故事情节是否有漏洞？数字准确吗？描述的事实是否前后矛盾？案例是否足够明确，能让学生进行充分的分析？如果案例存在大的毛病，是否可以更换案例或者让教师跟作者联系，提供修改意见？

案例质量评估的障碍远远不只源自案例本身以及具体的学生反应。也许学生的准备不是很充分，也许在别的课堂别的课程发生了一些事情，也许事先要求掌握的工具和概念没有得到充分的介绍，也许案例在课程中出现太早。也许学生觉得案例太难分析。也许案例作业并不清晰。教师未能有效实施案例教学计划。考虑到可能会产生上述的障碍，所以，完全没有必要由于第一次课失败了，就放弃使用新案例。

我们有一个同事通过一种有趣的方式评估案例质量。他说，他至少反复三个回合才决定一个新案例是否具有教育价值。第一回合，他比学生先行一步就案例的理解、分析和正确决策进行研究。有时候，他并非真正在听他们说什么，因为他在无意识地咀嚼他自己的观点。第二回合，对案例分析的关注大幅度减少，集中研究案例是否符合课程中的次序问题。这个阶段，他开始聆听学生的评论，这些评论强化了先前课堂讨论中的观点，或者这些观点在未来课程讨论中得到再次加强。第三回合，他明确这个案例已经可以采用，并恰当地结合到了课程中，他这才把重点放在讨论流程上：要哪个人参与讨论？谁在说些什么？情感基调是什么？谁可能会碰到困难，为什么？谁拥有可以为全班分享的经

验？只有经过这三个回合后，他才有信心采用这个案例进行
教学。

个人评估

个人自我评估是教师面临的最棘手的评估之一。"我的准备
好不好啊？""我的课堂表现怎样啊？"如果出错，当然很容易抱怨
学生或者材料。足够客观地评估自己在整个流程中的作用也是一
个难题。"我讲授了多长时间？我介绍多少个方面的问题？课堂
讨论有多少是指向我的，多少是指向课堂上的其他人？我是否觉
得做结论比拔牙还难？我的情绪是否跟课堂合拍？这课如果再上
一次，我是否会采用不同的方式进行？如果按 1 到 10 评估绩效，
我的分数是多少？我在课堂上是否学到了什么？"

如果我们可以学会对自己绝对诚实，对上述问题的回答应该
很客观。如果没有意识到教师的表现是整体课堂效果评估的重要
组成部分，人们会很容易得出错误的结论。

课堂评估

课后评估的下一步关注刚刚上完的这一堂课的质量，以及这
堂课在整个课程背景下的意义。

多数教师一般在刚下课时，就可以判断这节课是否成功。

成功的课堂有几项标志。积极的标志包括学生兴致高、积极
举手发言、参与度高；对同一个案例信息，学生能够发表不同的
见解；下课后，学生意犹未尽，继续讨论。

众所周知，一个经验丰富的案例教学教师经常通过 5 种"是否"来判断一堂课的质量：1. 学生"是否"对案例表现出足够的兴趣付出足够的努力准备案例；2. 学生"是否"得到足够的激励及关心，产生积极参与案例讨论的兴趣；3. 对案例涉及的焦点人物和组织而言，问题和挑战"是否"真正重要，是否真实、关键；4. 课堂"是否"创造自由的氛围，允许学生失败、让他们冒险、体验，而不会让他们在同学或教师面前感到羞耻；5. 课堂气氛"是否"愉快、有趣，大家互相尊重、以友好和智慧的方式相互对待。

课堂评估对课程本身也有意义。如果课堂漏掉了本应覆盖的内容，是否有机会在下一节课强调？如果原来讨论过的理论或概念没有得到充分理解，这些课是否可以通过不同的方式讲授，同时修订剩下的课程内容？

案例教学建议书评估和修改

最佳的案例教学建议书评估时间是下课以后立即进行。是否要更改教学建议书中标题的要点？（参考第四章教学建议书讨论）至少，教师应该把已经评估的案例教学计划放入教学建议书档案，为下次讲授此案例提供参考。案例教学计划评估可能导致教学建议书的改变，或者对这个具体案例或其他课堂的未来教学计划产生影响。

至于新案例，尤其在第一次课后，可能需要对教学建议书进行实质性修改，以填补第一次课暴露出来的差距。对于多数教师而言，随着案例教学次数的增加，教学建议书也会逐步变厚，变成过往案例教学的宝贵记录和经验文献。哪怕诸如这样的记录"我认为大家的准备工作没有达到应该达到的水平，因为，很多同学忙于复习另外科目的考试"，也会影响未来对这个案例的使用和时机安排。

结　论

对于案例教学教师而言，案例准备、案例讲授、课后评估是一个每次不断循环的过程。

课后评估从对课堂参与评估开始。不想再往前多走一步的想法很占上风。很多教师时间不够，哪怕花费几分钟时间来评估案例教学计划、案例本身、个人贡献、课堂和教学建议书，他们也会感到艰难。可是，这些工作对案例教学教师的持续改善又是多么关键。把课后评估当成习惯，就克服了"到底评还是不评"的随机决策行为，成为自觉的自求进步的强化者。而每一门课程的课后评估收集，都变成未来课程计划和提高教学质量的基本参考资料。

第七章 反馈与辅导

反馈与辅导是案例教学/学习流程不可或缺的一个组成部分。本章的首要关注点放在教师对学生课堂参与性的反馈和教师对课堂参与感到困难的学生的辅导方面。其他主题还包括通过案例考试来评估学生学习效果和学生对教师的反馈。

课堂贡献反馈

非正式反馈

课堂非正式反馈开始于案例的讨论过程。课堂上正面的非正式反馈形式包括：积极的身体语言、支持性的点头致意、欣赏性的低语、一字不差地在黑板或投影上记录参与者所说的话、让其他参与者静听发言者的发言、让发言者有足够时间解释其观点等。

有些教师一听完发言就表示感谢。另外的教师会说，"很棒的开头"，或者说"你的评价很有帮助"，或者"做得好"。其他教师则很谨慎在课堂采用类似的评估性评语，害怕如果前面说了，后面没说会带来相反的效果。因此，他们更愿意让班里其他同学表达意见，指出他们是同意还是反对这位同学的观点。

不幸的是，大部分参与者会觉得赞美明星演说者比否定能力不高的参与者难度要大得多。因此，当一个能力不高的参与者发言时，课堂上会出现更高的嘈杂声。同学中没有负面反馈，往往就被视为中性评价或正面支持。同学对其观点的强调意愿及详细解释本身就是一种正面强化。

在课堂总结阶段，教师可以选择回顾课堂上最有意义的贡献，并挑选出一定数量的参与者，这跟管弦乐队指挥在乐队演奏完一首交响曲后，对某些演奏家的贡献表达谢意一样。案例讨论课堂采用的方法不是请某一个人站起来，鞠个躬，但是，教师可以使用类似下面的典型评语来表达正面的反馈意见，"保拉的量化分析给我们的案例开了个好头"，或者"皮特认为可能存在一个更加便宜的方案，这给我们打开了另一种思路"。

下课后，趁学生还没有离开教室，教师可以跟学生点头，说，"干得好"或其他类似的赞语。反馈可以在教室外的走廊里进行，也可以在咖啡区、休息室、食堂或者学生聚会的其他地方进行。

与辅导学生相对应的是办公室反馈，可以由教师或者学生发起。部分教师邀请全体学生选择他们方便的任何时间到办公室拜访，部分教师则要求签到，部分教师却不鼓励由学生发起的造访行为。面对面交往方式的实现，能够促进师生之间坦诚交流意见。一位参与者表示，拜访教师的主要目的是要获取教师的意见，"我在您课堂上的参与情况怎样？"这个问题可以通过多种措辞形式和不同的语音语调表达。一般的答案是，"你认为自己的表现怎样？"把球踢回给学生是一个不错的战术，可以让较随意的学生认真思考这个问题，同时提醒学生要对自己的课堂表现负责。此外，教师可以通过这种方式进一步了解这个学生。最后，对学生自我评估的认同能够帮助缩短会面时间，可以把反对意见集中在具体的问题上。如果需要辅导学生，则可以当场进行或者留待另外时间。

正式反馈

对学生参与情况提供正式反馈也是一种惯常做法。有些教师为每一个学生准备了一份备忘录，书面写下对他们的印象。评估可以这样写，"你的参与表明你对课堂讨论感兴趣并做了准备"或者"你对课程的知识掌握得很好"或者"你发言时，看上去较难谈到要点"。这些评语比单纯给个分数效果要好得多。

某些教师会给每一个参与者写一封详细的私人信件，从质和量两个维度评估参与者课堂参与情况。此信也包含一些建议内容，建议学生可以考虑采取什么行动来对待反馈。对参与次数不多的学生可以这样建议，"尽管次数不是全部，但是，我们必须积极广泛地参与讨论，收集集体智慧。希望看到你更加积极地参与课堂讨论"。至于参与次数很多的学生，可以这样建议，"尽管次数不是全部，但是，我们必须积极广泛地参与讨论，收集集体智慧。你作出了贡献，期待你继续努力"。对质量较差的参与者可这样建议"当你有机会发言时，可以多说一些，更加综合连贯一些，而不是只围绕一点说明问题，这样可以把课堂讨论引导到一个高度"或者"当你选择发言时，你对课堂讨论贡献很大，希望以后你表现同样出色。"对高质量贡献者可以这样总结，"你的贡献很出色，给课堂讨论增值不少，继续发扬。"以及"你对班级讨论的贡献令人难忘，很有价值。如果你继续提出自己的见解，我们都将会受益。"

结合第六章表 6-1 的数量和质量内容，我们可以总结出下列反馈形式。对质量数量两者都不足的参与者，可以说"多发言，多作贡献"，量少质量高者，可以说"多发言，保持质量的提升"。数量多，质量低者，可以说，"你的参与度很高，但是，注意提高质量"。高质量，高数量者，可以说"很棒！继续努力"。

某些教师每一节课为学生打分，最后加总，排名。分数按学生编号公布，当学生来找教师时，教师会提出额外的意见。

辅导

由于学习/教学流程的复杂性，教师总是发现自己在担当辅导学生的角色。尽管学生掌握了很多手段和方法应对不明确的处境，案例教学还会给他们带来巨大的挫折和焦虑感。辅导面临的最大挑战是处理课堂讨论的参与问题。另一个挑战是处理对个人和小组的案例准备不满意的问题（参考《毅伟商学院案例学习》第四章）。

班级讨论贡献辅导

通常，对班级讨论参与感到困难的学生会找教师讨论他们面临的问题。

辅导课不仅有利于学生，也有利于教师。通过有价值的反馈，教师可以了解班级的情况、小组运作是否良好、某些教师的怪异行为是否使学生感到困惑、学生是否全部理解了材料内容。这样的辅导课还可以帮助参与者识别个人问题所在，有助于制订改进行动计划。

在辅导课过程中，教师首先要判断学生担忧的性质和原因，然后寻求可能的补救措施。学生辅导的一个基本观点是，教师并非拥有全部答案，但是，教师必须能够提出正确的问题。参与者在诊断问题和提出最后补救方案上发挥重要作用。课堂的非参与和无效参与可被视为运作中典型的质量问题。如果事情没有按计划发展，可以通过因果图或鱼骨图分析原因。因此，我们在图7-1创建了一套完整的诊断工具，帮助个体确认课堂参与程度不足的主要原因。

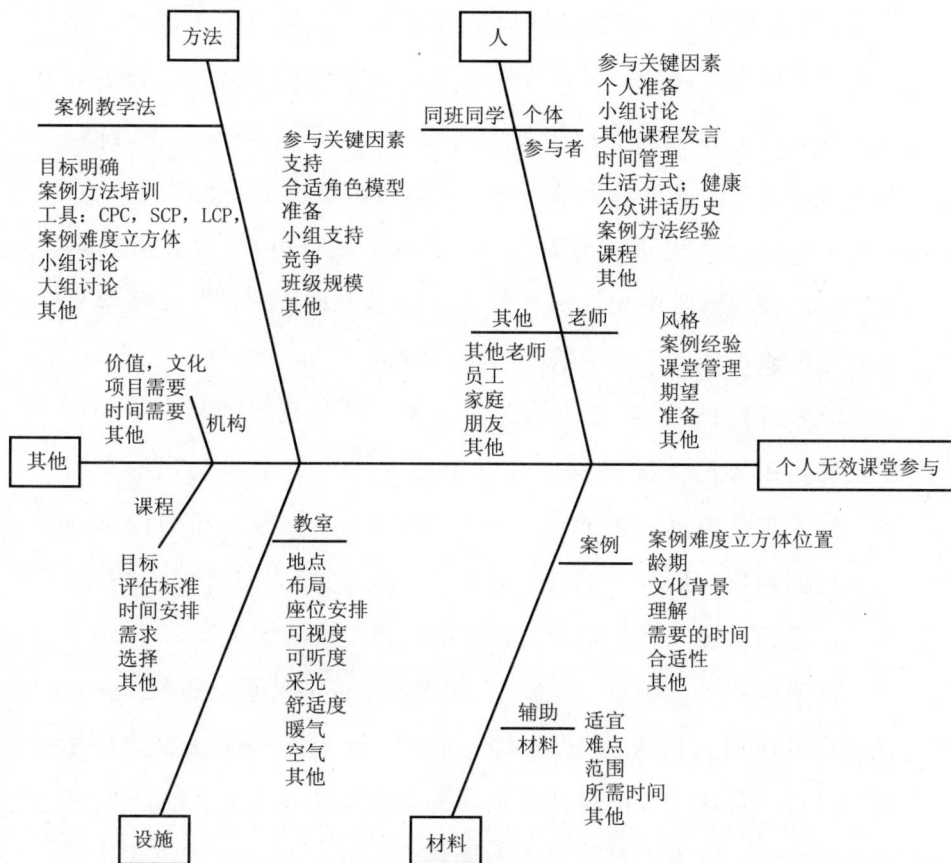

方法

人

参与关键因素
个人准备
小组讨论
其他课程发言
时间管理
生活方式；健康
公众讲话历史
案例方法经验
课程
其他

案例教学法

同班同学 个体
参与者

目标明确
案例方法培训
工具：CPC，SCP，LCP，
案例难度立方体
小组讨论
大组讨论
其他

参与关键因素
支持
合适角色模型
准备
小组支持
竞争
班级规模
其他

其他 老师
其他老师
员工
家庭
朋友
其他

风格
案例经验
课堂管理
期望
准备
其他

价值，文化
项目需要
时间需要
其他

机构

其他

个人无效课堂参与

课程

目标
评估标准
时间安排
需求
选择
其他

教室
地点
布局
座位安排
可视度
可听度
采光
舒适度
暖气
空气
其他

案例
案例难度立方体位置
龄期
文化背景
理解
需要的时间
合适性
其他

辅助
材料

适宜
难点
范围
所需时间
其他

设施

材料

图 7-1 课堂参与诊断指南

至少把这个指南放大两倍，发放给需要辅导的参与者。教师必须向学生解释，这份指南总结了非参与问题的共同原因，鼓励学生根据指南自行诊断并在指南上进行记录，以便在跟进课上回顾。在转向其他领域之前，可以先从物理设施开始，中性的环境可以让学生放松心情。指南的底部及左边的大部分材料类别项目，比顶部右边的人员类别项目要容易解释。让参与者参与到诊断和说明性流程能够提高纠正行动的效果。

根据我们的经验，大部分的非参与者会：①内心真正认为参与并非如此重要；②比较焦虑或者很难在大班级讨论中讲话，缺乏在公开场合发言的经验；③对课程缺乏足够的了解；④对案例教学方法的了解有困难；⑤在个人准备上花费太多或太少时间。好的一面是，来寻求辅导说明他们承认自己出现了问题。

下面我们将讨论这些最共同的问题。假设前提是，借助药物、心理辅助或学生辅导的支持及自己的力量，大部分教师都可以处理因果关系图上大多数的"其他"问题。

(1)意识到课堂参与的关键性。具有讽刺意味的是，能够在以记忆为主导的一般课程或教学项目中有出色学术表现的参与者，经常觉得很难调整自己，难以适应以参与为主导的课堂讨论。他们相信，期终考试将会给他们的记忆能力带来好的回报，而不愿意相信课堂参与是他们在案例课程中成功的关键。

这跟体育运动相似。运动员的成功离不开训练。潜在的网球运动员可以通过电视和录像节目观看世界一流的网球运动员比赛，也可以参加无数网球技术的讲座，但是，运动员本人早晚都得自己拿拍，练习击球。对于案例教学方法，小组和班级讨论就是练习课堂。有教师也认为，小组讨论是练习，大班讨论才是正式比赛。

问题是，一个人如果明确自己不会参加这个游戏或者参与实践，只是一个旁观者，其动力肯定不会有实际参与者高。坐在教室，一味听别人发言是一件枯燥的事，随之而来的就是昏睡。既然不用考核，为什么还要认真阅读这个案例啊？个人准备因此缺失，小组成员缺课，参与热情锐减。只有一种心态在班里徘徊，"我来上课的唯一原因是出勤要求，但是，我确信我绝对不会学到很多"。这种态度会引起麻烦的螺旋式发展。

因此，对学生辅导的第一个关注点就是要让他们意识到，课堂参与不仅仅是为了分数，而是学习流程后面的驱动力。这点，学生可以参考《毅伟商学院案例学习》第五章。随时准备参与课堂活动的参与者准备得会更好，更加积极听取别人的看法，感觉自己是学习流程的组成部分，并相信自己才是学习的主人。确实，有一个观点无论怎样强调都不会过分，那就是案例学习方法需要"干中学"，也需要"教中学"。

（2）在大课堂发言。大部分参与者不习惯在大课堂中发言。哪怕都了解到课堂参与的关键性，他们还是不愿意面对类似的说法，"你必须在课堂发言啊"。通常这些参与者总是下定决心在某一课堂上参与，但是，结果总是力不从心。他们退回到原点，接踵而来的失败使他们的自信降低。这种螺旋式发展也是相当危险，必须尽早让学生摆脱这样的境地，因为负面感觉会蔓延到整个课程、整个项目、整个学院甚至影响参与者的人生。

在此，我们首先假设参与者至少对课程内容是满意的，也赞同案例教学方法的决策模式。同时假设参与者不需要来自如心理学家、精神病医生或其他专业人士的咨询帮助，而是愿意通过课程教师或其他教师的辅导来纠正自己的行为方式。

认知害怕在公众场合发言是解决问题的第一步。第二步是解决这个问题需要的意志。这与参与者的自我认知和偏好有很大关系。"你是否属于可以自我激励的类型，或者你需要外在强化？"就是一个很好的问题。"跟其他教师一样，我很愿意提供帮助，不过，你是否更愿意接受同班同学的帮助？"下面列举的是一些标准的可选方式：

a."你同意下周的案例课上，每节课至少举手发言一次。你无法决定你是否有机会发言，但是，你可以决定是否举手。做一周的记录，看看你是否举手了，是否真正得到发言机会了。一周后我们再见面。我们现在就把见面时间定下来，看看事情是怎样发展的。"

b."如果目前你感觉课堂举手很难，我自己可以点你的名，也可以安排其他教师这样做。"

c."你可以在我或者其他教师的课堂上首先发言。开始你可以完全按照自己事先准备的内容发言，不管别人之前说了什么。"

d."你可以自愿在我或其他教师的课堂演讲。"

e."你可以跟同班的某一个同学比赛，尤其是某个很想更多参与课堂讨论的同学。一周内，谁参与较多则为赢方，可以跟对方拿些小奖品，如小钱、饮料、零食、请看电影或其他任何东西。关键是班里有一个同学在观察你，你知道这点，而你也在做同样的事。"

f."你可以下周试一试参与，然后来见我。如果不行，再试一试其他方法。"

上述方法的要旨是：

·让参与者自己决定什么方式最有效。

·让参与者明确自己有个教师盟友，他/她很愿意并热切希望提供帮助。

·涉及目标、小步骤和经常回顾的改进过程已经开始，需要经常到教师办公室跟教师见面。

·有关恐惧公共场合发言的交流过程本身，让相关人员有机会正视自己的问题。

通过对几百名学生经验的总结发现，大部分学生都能够找到方法，成为合格的课堂参与者。他们很感激我们所提供的帮助，发现课堂参与除了可以促进本门课程合格过关，还带来很多其他好处。

(3)对课程缺乏了解。参与者不愿意参与课堂讨论，可能完全是因为对课程材料没有透彻了解。为了避免在公众场合表现自己的无知而当众出丑，他们的最佳选择就是保持沉默。对多数教师而言，学生缺乏对课程了解属于可以忍受的范围。诊断过程需要明确课程的难点何在，原因何在，包括准备不足。

要求学生就某具体领域的论题提交一些作业，以证明他们对内容的理解有助于培养课程要求他们掌握的技能。也可以布置另外的阅读材料或者为之聘请导师。

(4)案例教学方法中的决策模型。不少非参与者在分析和处理案例问题过程中遇到困难。他们再三阅读案例，画出重点，但是对下一步怎么做缺乏一个逻辑过程。这些同学即使有短周期过程、紧迫/基本问题确认、重点/优先问题矩阵等分析模型的帮助，仍然感到困难。推荐学生阅读《毅伟商学院案例学习》第三章。

（5）个人准备时间不足或太多。对个人准备时间的预期是教师和参与者之间教与学契约的一个重要组成部分。无论这个时间多长，比如说每节课2小时，教师都应该在辅导过程中强调此预期。学术类课程依赖记忆力，在这些课程中有过出色表现的勤奋学生倾向于陷入这样的一个坏习惯：在案例阅读和准备上花费过多时间。因此，学生的生活方式会发生很大的改变。由于花费大量时间学习，其休息、睡觉和娱乐时间大幅减少。

改进这类学生习惯的第一步是要求他们制订一个每周日程表：①保证足够的睡眠时间；②保证足够的娱乐时间让学生做自己喜欢的活动；③计划一个合理的，但不过分花费在个人准备和小组讨论上的安排。学生必须吃好睡好，平衡生活，然后，方可以实际上解决课堂参与问题。

另一个极端是不愿花费或没有足够时间进行个人准备的学生，这跟害怕在公共场合发言不一定有关。可能学生在做兼职或承担太多的家庭责任，这些都阻碍充分的个人准备。如果既无法在工作上、也无法在家庭方面减少时间，他们的选择只能是减少学习时间。

对于真正的懒惰学生则可以这样提醒，无法满足课程要求的结果一定是不及格，这就足够激励他了。

引导学生在《毅伟商学院案例学习》中描述的"长/短周期过程"浏览一番或许对学生有帮助。让他们呈交"案例准备表"会起到很大的强化作用。回顾案例开篇的第一段，让学生谈论有关决策、适用的分析方法和标准也会很有帮助。这类学生经常愿意在此花费时间，不过，他们没有掌握分析工具。

非参与者来寻求辅导一般意味他/她已经意识到自己的问题。

最困难的辅导难题是如何处理既害怕当众发言、又不了解课程内容，而且对案例分析流程一无所知的学生。对这类学生，不妨从课程概念和案例分析流程着手。要重点考虑时间因素，因为这类复杂问题通常到课程结束前都解决不了。

案例考试

最普遍采用的评估学生成绩的两种书面模式是案例考试和案例报告。本章重点讨论的是人们如何采用案例考试。第八章将把案例报告当作案例运用的一种特殊变体，进行重点介绍。

对于在课程中采用大量案例的教师而言，案例考试方式很有道理。由于案例考试经常被认为是"焚烧"案例的过程，许多带有分数及教师评语的学生书面分析作业将被录入系统，所以，教师不会急于采用他们认为最佳的案例来充当试卷资料。一个很好的做法是，考试用过的案例一般在第二个学期甚至下一个学年都不再重复采用。有时候，使用一个全新案例来考试，可以测试这个案例是否适合在未来的课程中使用。

选择一个合适的考试案例与选择一个合适的课程案例是一样的。"按照'案例难度方格'中的三方面标准，要在某个具体案例上获取的学习/教学目标是什么？"有时，很难找到一个完全符合教师考核目的的案例，并且符合考试的时间要求。理想的考试案例，必须覆盖与前期课堂讨论的分析和决策问题、概念知识和信息管理挑战类似的问题，以便学生能够有机会展示其知识。

案例考试的典型做法是，把学生安排到同一个地方，时间为

3~4 个小时，开卷考试，每个学生手上都有案例拷贝和答题要求，考试时间结束时收卷。用电脑答题的学生需要交上包含分析内容在内的磁盘。

考试评分

我们认为，可以接受的案例考试成绩必须满足下列要求：

(1)确认并分析案例的关键问题。

(2)展示自己已经理解了适用于案例的概念和理论知识。

(3)确认关键假设，意识到在同样的案例信息上，不同的读者会设置不同的合理假设。

(4)展示能正确使用任何一种分析工具。因为所有的考试均为开卷，答案的部分正确或者全部正确可以提高分数。

(5)展示接受或否决任何备选解决方案的论据与前期的假设和计算结果一致，也与前期对案例信息的解读一致。

(6)显示已经进行的分析和推荐的决策之间的一致性。

决定采用案例考试是个重大决策。与其他考试形式比较，案例考试评估要花费更多时间。如果考试时间为 2~4 个小时，改卷平均评分时间可能在每份 20~40 分钟之间。尽管花费了很多时间制定评分标准，大部分的评分还会比较主观。因此，教师读到的和学生认为自己表达的内容中间可能会存在较大的感知差异。鉴于此，某些教师倾向于请别的教师来评卷就不足为奇了。不过，大部分教师还是愿意自己改卷，他们认为这样才可以获得直接反馈信息，了解自己教得如何，学生学得怎样。

案例考试的评分设计会因为教师和案例本身的不同而有差

别。有些教师制定详尽的评分标准，具体到每一个要点。有些教师分块评分：分析 35％，备选方案分析和决策标准 45％，建议及具体行动及实施计划 20％。还有更加粗略的评分标准，"这个学生的说法合理吗？"如果答案为"是"，接下来要做的就是决定考得有多好，如果答案为"不"，则无论得分多少，考试都被视为不及格。

　　如果案例考卷要发回给学生，则要用各种方法尽快评分。理想的状态是，通过阅读教师的评语就应该了解学生获得给定分数的原因。有时候，教师会安排一节课来专门讨论考试案例和评分问题，课后再把试卷退回给学生。如果考试时间和试卷返回时间间隔太长，学生有可能已经遗忘了案例内容，缺少复习环节，很难让他们理解教师的总结。学生的抱怨更多会来自于分数而不是自己的答题内容。

　　《毅伟商学院案例学习》第六章讨论了不同类型的考试方式和学生指南。表 7-1 列举了一个典型的书面案例考试大纲，表 7-2 给出典型的案例评分标准清单。表 7-1 中列举的由教师决定评分比重的六个分类，在考试前应该跟学生做好沟通。这两个表格跟"案例准备表"有密切的逻辑关系。我们认为，每一次小考，"案例准备表"自身就可作为作业上交。甚至大考，除了试卷本身，学生也经常上交他们的"案例准备表"。

书面案例分析辅导

　　有时，学生对自己的书面作业的反馈不满意。每一位教师都有自己的手段来面对恼怒或失望的学生。某些教师的方法很简单，他们只说，"太差了！下回努力些。"其他则会这样说，"我们坐下来好好研究一下。"

好的做法是，试卷退回给学生后48小时内不要跟他们见面。学生需要花费时间来淡化其波动情绪。想讨论考试问题的学生必须预先重新交回试卷，并附加一页纸说明要谈论的内容和原因。这程序起两个作用。其一，让教师和学生一起再熟悉作业内容；其二，让教师了解学生恼怒的原因。因此，学生上交附有说明的作业，同时预约时间。如果发现自己出错了，教师应该更改分数。

表 7-1　典型的案例考试大纲

（根据案例、课程和教师的不同而变化）

1. 实施纲要（简介——一页的主要结论总结）

2. 决策或问题定义（要提出的关键决策或问题）

3. 对决策或问题的分析（重要性/紧迫性，因果关系，约束/机会，定性和定量分析）

4. 备选方案/分析（备选方案识别，决策标准，优势，劣势）

5. 建议（优先的备选方案，结果预测，行动和实施计划）

6. 附表

表 7-2　典型的案例考试评估标准

（根据案例、课程和教师的不同而变化）

1. 问题识别

2. 问题分析

·紧迫/基本

·重要/紧急

·原因/结果

·约束/机会

·定量/定性分析

3. 备选方案/分析

- 对已有备选方案的分析
- 其他备选方案的生成
- 决策标准

4. 建议

- 首选备选方案的合理性
- 预测的可选方案的合理性
- 行动/实施计划的可行性

5. 逻辑

- 分析和建议之间的一致性

6. 陈述演讲

- 语言质量
- 图表应用的准确性
- 考试的组织

课程评估和教师反馈

至此，本章所讨论的问题几乎都是站在教师的立场上。学生是本流程的另一个关键利益相关者，他们在评估和反馈中也有利益存在。

学生反馈可以通过随机、非正式的手段获取。如在课间休息时，可以停下来问学生，"这门课程进展如何？你学到了什么？在哪方面你感到挫折？讨论流程怎样？你有什么改正建议？"课间休息也是教师向学生提出与他们本身及其课堂表现相关问题的好时机。不过，通过这种非正式收集反馈意见是冒一定风险的。某些学生可能会对课程内容和授课方式做出负面评价。教师应该对此类负面反馈胸有成竹。

在大多数学院和室内项目中，学生对研讨会、工作坊、课程和教师的评估往往是在课程结束后通过正式的程序进行。对于这些数据的应用和检索，每一个学院都拥有自己的评估模式和步骤。这是一个标准化程度比较低的领域。然而，可以把这类反馈视为对课程设计和实施有价值的观点。对于"教得好"和"学得好"之间是否存在正向关系，至今还是争议不断、莫衷一是。某位教授在接到毁灭性的评估后，回应说，"尽管学生们对我评估很差，他们还是学到了东西"。

有时候，尤其是管理人员培训项目，经常要求学生每一节课后都要对教师和材料评分。将学生的角色转换为评估者角色是危险的行为，不断如此操作会把学生的学习身份改变为评估者角色。

无论教学评分系统的优点何在，其目的都是为了让学生和教职员工能够对课程和教师进行多种评价。表 7-3 是"课程/教师评分表"样本，适用于案例教学课程。

除了这些以教师为中心、典型的课后调查外，有些教师也自己设计表格，为自我诊断收集信息。他们列举出所有的案例和阅读资料，并给出评分比例。他们询问评估方案的公平性以及课堂讨论流程的质量。他们就学生喜欢和不太喜欢的内容征求意见，并了解课程需要改进的地方。有些教师课程一开始就告诉学生，他们将在课后收集学生的反馈信息，这样，学生就可以在课堂讨论期间在案例和阅读材料上做记录。

结　论

案例教学反馈和辅导无疑是一项挑战性项目。在这个流程的每一个领域，几乎都是易问难答。本章试图提供意见和个人辅助，以应对反馈和辅导过程所面临的困难。

表 7-3 教师和课程评估问卷

请按1（差）到5（优秀）回答下列问题，你怎样评估老师和本门课程？

	1	2	3	4	5
1. 课程的总体评价。	□	□	□	□	□
2. 老师的总体评价。	□	□	□	□	□
3. 老师对这门课程学习目标的沟通明晰度如何？	□	□	□	□	□
4. 设定的学习目标成功完成的程度如何？	□	□	□	□	□
5. 本课程案例对你学习能力提高的贡献程度怎样？（不合适则留空）	□	□	□	□	□
6. 本课程课本、课程其他阅读资料对你学习能力提高的贡献程度怎样？（不合适则留空）	□	□	□	□	□
7. 本课程项目、报告和其他作业对你学习能力提高的贡献程度怎样？（不合适则留空）	□	□	□	□	□
8. 本课程其他学习手段（模拟、录像、练习、讲座）对你学习能力提高的贡献程度怎样？（不合适则留空）	□	□	□	□	□
9. 老师对学生的多元化视角和不同经验的使用效率如何？	□	□	□	□	□
10. 老师提供及时且有用的反馈的效率如何？	□	□	□	□	□
11. 课后老师的帮助情况如何？	□	□	□	□	□
12. 老师的授课效率如何？	□	□	□	□	□
13. 老师引导课堂讨论的效率如何？	□	□	□	□	□
从1（很弱）到5（很强）					
14. 与毅伟商学院其他课程比较，这门课的总体工作量怎样？	□	□	□	□	□
从1（无）到5（很强）					
15. 与毅伟商学院其他课程比较，这门课对你的个人发展的贡献怎样？	□	□	□	□	□

153

第八章　案例应用变体

对这一点的关注已经成为案例教学的标准做法。参与者和教师来到教室，就是为了面对面讨论案例。围绕标准做法，偶尔采用变体方法也是必要的。

采用不同的手段进行案例教学，其最主要原因是为了更加契合学习目标。特定的变体方法经常可以改变从案例到案例的惯常教学方式。而且，如果某一课程的案例不多，特定的变体方式显得更加合适。

本章描述了标准方法之外的变体方式：案例陈述、案例报告、角色扮演、案例格式变化、课堂访问者、团队教学和实地考察。

对于前面的三种变体，我们将描述其内容、可能被选择的原因、如何有效实行，同时，点评每一种方式的局限和经验。

案例陈述

说　明

案例陈述指的是由一人或多人在现场向一人或多人传递某一项准备好的报告的行为。一般情况下，案例陈述由一个或多个小组向班级的其他同学和教师演讲。《毅伟商学院案例学习》第六章描述了不同的案例陈述方式，及对演讲者和批评观察员的建议。案例陈述有多种变化和组合。教师可以根据其课程目标选择合适的方式。

表 8-1 案例陈述方式列举

· 陈述格式：案例比赛、咨询、辩论或座谈会

· 后陈述格式：正规课堂、问题和解答、讲授、理论讨论或什么也不做

· 每节课陈述数量：一个或多个

· 陈述小组规模：两个或两个以上

· 一个小组中的陈述人数：一人或多人

· 学生：指定/自愿

· 陈述小组：指定/非指定观点

· 陈述时间：短/长

· 陈述注解：交上/保留

· 分数：给定/不给

· 评估指南：用/不用

· 非陈述成员：指定/不指定角色

· 评判组：规模和数量

· 课程中的频度：偶尔/经常

· 陈述：总结点评/不总结点评

· 点评时间：陈述后马上进行/以后进行

· 记录：运用录像/不用录像

· 陈述：针对全班/特定个人或小组

· 形式：正式/非正式

目　的

案例陈述给学生提供一个机会，让他们把自己的案例分析和

建议以专业的方式发表出来。案例陈述流行的原因之一是它使单调的课堂教学多样化。无论教师采用的是讲授还是案例讨论，有很多理由证明案例陈述是一种有效的表现方式。这些目标大多数可以同时实现。

表 8-2　案例陈述目标

· 增加课堂多样性

· 培养陈述技巧

· 培养沟通技巧

· 体验如何向高层做简报

· 强调行动和实施计划

· 培养优化技巧

· 培养时间管理技巧

· 学会运用视听辅助工具

· 提高部分课堂准备的质量

· 允许参与者互教

· 强制参与者准备

· 实践群体动力

· 培养非陈述成员的聆听和评估技巧

· 评估新案例材料

实　施

在准备案例陈述过程中，教师可以帮助将参与者的注意力引导到具体问题上。参与者必须在限定的时间内，认真处理有关信息管理、先后次序和陈述艺术等问题。在小组成员个人准备之后，他们还必须花费大量时间在小组中一起讨论，在陈述内容和如何最有效地表达小组结论上达成共识。通常小组要集中讨论两次或两次以上，另外，也必须进行一到两次彩排活动。案例陈述表很好地概括了一个完整的陈述应该覆盖的内容。重点一般放在首选方案及其实施上。

局　限

案例陈述也存在着局限。最大的局限是不参加陈述的同学基本上不准备案例，而且在其他同学陈述时他们的表现被动。在学习过程三阶段模型的第三阶段，小组学习是有局限的，在这阶段，学习的质量大大依赖陈述小组的质量。一般而言，重心从口头演说能力转化为沟通技巧的开发及严密的分析行为。陈述小组花费大量的准备时间来彩排，并准备视觉辅助工具。公平原则认为，班上的每一位成员都应该得到陈述的机会。此原则从一个侧面强调了案例陈述的局限性。另外，总是进行案例陈述也会使课堂变得枯燥无味。

经验分享

多年以来，我们学院的沟通管理教学小组，一直把所有学生参与的案例陈述当成一年级沟通课程的一个标准组成部分。某些陈述是为了练习，某些为了记学分，某些用来记录和汇报，某些用来做辩论样板。

其中一个同事在她自己的课堂上采用一种结构性很强的方式来对学生的陈述提出要求。她只在课程每一个模块结束时才使用案例。课程开始，她先把学生分成不同的小组，并让他们分别担任"分析家"和"评论家"两种角色。在"案例教学"当天，她会让两个分析家小组来陈述案例，两个评论家小组担任评估角色，其他同学则扮演案例所在公司的董事或/和股东。评论家小组则根据分析家小组的陈述和董事的提问给出反馈意见。

某些项目中，学生参与三到四天的以口头演说为形式的案例比赛。每一个小组从给定的三个不同案例中选择一个来准备陈述。陈述由各个小组进行，然后，由研究生和教师组成的评委会评估。在这过程中，参与者会感到格外紧张，并承受群体动力中的压力，但是，他们可以在友好却充满竞争的环境中锻炼自己的陈述技巧。

案例报告

说　明

案例报告是案例教学中另一种常用的变体。它指的是参与者个人或者小组根据一个特定案例提交一份正式的书面材料，呈示他们的分析和建议。《毅伟商学院案例学习》第六章为学员描述了不同种类的案例报告写法以及陈述准备建议。就如案例陈述一样，教师可以根据案例的特点来选择案例的报告形式。

表 8-3　案例报告格式清单

· 报告：个人/小组

· 字数限制：有/没有

· 时间限制：短/长

·作业：具体/不具体

·格式要求：正式/非正式

·参考大纲：提供/不用提供

·实施摘要：需要/不需要

·评估：计分/不计分

·评分标准：公布/不公布

·评分者：教师/其他人

·材料：需要参考其他/不需要

目　的

案例报告让学生有机会对案例进行全面的分析，同时可以学会如何写作一个明确、具有影响力的报告。

表 8-4　书面报告目标

·提升案例分析的精准度

·练习如何准备一个正式报告

·模拟典型的课题组、团队、项目或者咨询报告

·练习运用案例难度方格中各种维度来写作

·评估绩效

·练习时间管理技巧

·应用大型的、更加复杂的案例

·练习管理群体动力

·练习如何准备案例考试

·考察新写案例

实　施

案例报告的个人准备时间要比准备一个标准的班级案例讨论

时间要长得多。此外，如果要求进行小组讨论和常用的附件准备，则时间可能要延长到几天。从个人准备和小组讨论得出的"案例准备表"可以用做书面报告的有效的大纲，并包含书面报告的主要内容特征。表格上的大纲要点越详细，最终报告越容易撰写。案例报告的评分标准与第六章讨论的案例考试评分标准是相似的。案例报告的反馈和辅导与第七章中讨论的案例考试反馈和辅导也是一样的。

局　限

使用案例做报告时，存在着局限性及令人忧虑之处。最明显的或许是学生写作所花费的时间和教师阅读报告、评估和给出反馈的时间（第七章对此也有讨论）。其他局限如下：

- 参与者可能剽窃并雇用枪手
- 参与者花费在写作上的时间可能会影响其他课程的准备
- 参与者可能试图跟案例涉及的企业经理人联系
- 学生住处可能堆满收集到的案例报告
- 用来写报告的案例可能会被"烧毁"，可能无法在未来几年的常规班级讨论中采用。

经验分享

在某些学院，沟通管理项目包括案例报告写作是由专门的教学团队来负责。其他学院的教师则可能会选择把案例写作当作课程设计的一部分。案例报告的评分经常被分为两个部分，一为内

容；二为表达形式。把案例报告当作正规项目要求的学院，一般
会提供大量的相关说明手册，对报告预期、表达格式、字数限制
等内容进行规定。

案例报告与班级讨论或考试最大的区别在于其严格的案例分
析以及对书面表达的重视。有些人曾经说过，"报告是对力量的
考量；考试是对速度的测试"。

角色扮演

说明

典型的角色扮演要求参与者扮演案例中的某一个角色，以人
们期望这个案例角色的反应方式反应。试图将案例角色的扮演达
到"神似"，这与标准的案例分析和讨论流程有很大的差别，前者
要求扮演者站在案例角色的立场，根据对案例提供的数据和事件
的解读，把人物在案例中的经验和个性表现出来。与案例口头演
讲和书面报告一样，角色扮演也有多种方式。

表 8-5　角色扮演方式清单

· 角色扮演：自愿/按计划

· 特定格式：座谈会，辩论，买卖双方谈判，管理层/工会讨价还价

· 学生角色分配：单人角色，小组中的角色，片段，一人多角色扮演

· 脚本：由教师/学生准备

· 挑选：学生挑选/志愿者

· 角色扮演后：总结点评/不总结点评

- 时间长度：短/长
- 评估：角色扮演评分/不评分
- 扮演环境：课堂上/课堂外
- 教师：参与扮演/不参与

目　的

角色扮演可以给标准的案例课堂讨论带来极大的感染力。参与者对案例角色和案例事件更加投入。以下列举了采用案例角色扮演的其他目的，很多目的可以同时实现。

表 8-6　角色扮演目的

- 标准课堂讨论方式多样化
- 培养沟通和倾听技巧
- 培养谈判、人际交往、说服和实施技巧
- 练习处理系列行动的能力
- 案例分析和建议更加个人化
- 快乐学习
- 产生更多思想和见解

实　施

认真计划的角色扮演更容易成功。教师必须明确为什么采用角色扮演方式，对于实现预期的学习目标来说，哪种扮演方式最为合适。

局　限

某些案例比其他案例更加适合采用角色扮演方式进行，某些课程如组织行为学和劳资关系就很适合角色扮演。在考虑采用角色扮演前，教师应该注意到并为可能出现的困难作准备。

- 角色扮演很难实行得出色。
- 角色扮演耗费很多时间。
- 参与者扮演时可能偏离案例中的现实和主题。
- 角色扮演有时会变成儿戏，大家不认真对待。
- 案例信息不足导致参与者编造情节和数据。
- 角色扮演并不常常能进展顺利，必须有应急策略。
- 有时，角色扮演会伤人。
- 不是所有的学生都是好的角色扮演者。

经验分享

可以采用辩论的方式进行角色扮演，其中，不同组别的学生有不同的偏好并担当不同的角色。剩余的同学可以担任评判员。

教授《劳资关系》课程的教师已经给很多案例制作了角色扮演，其中一部分人扮演工会成员，另一部分人扮演管理层。有些案例则对不同的利益相关者涉及的问题和挑战进行大量的说明，教师会根据不同的利益群体，把一个班分组，每组以"座谈会"的形式，将其观点说出。

角色扮演的另一种变体是课堂自发角色扮演，这种方式利用突发事件来诱发参与者的直接反应能力。人力资源管理培训项目中就经常采用突发事件方法。一般而言，突发事件通过很短的两到三段的案例表述，或由教师直接在课堂上讲述。例如，"你看到一个员工殴打主管。你应该怎么办?"或者，"一个员工跟你说她遭到性骚扰，你应该怎样回应?"或者"你老板跌跌撞撞从办公室走向出口去停车场。你闻到一股浓烈的酒气。你应该采取什么行动，如何做，为什么?"这些突发事件将给学生提供机会，从更广泛的背景范围培养他们的人际关系技巧，包括解决冲突、提出和接受批评及提供辅导。

案例格式变体

到目前为止，所讨论的三种变体格式主要以参与者角色及其要求为主。另外还有其他有意思的案例表达变体格式。在标准的纸版案例和现场案例或实地考察案例这两个极端之间，还可以分化出另外三种格式。案例还可以通过视频、电子和多媒体格式呈示。

视频案例

视频案例是指通过声像手段制作的案例，与文字、数据的纸版印刷案例相当。术语"视频案例"不是第四章所讨论的一种教学辅助手段，而是一个自身完整的案例，使用或不使用纸版案例作为补充。单独采用这种方式时，要求个体在视频播放中进行准备，正常的做法是在播放途中周期性停顿，以便个人/小组/班级讨论。

视频案例的一个好处是节省了准备时间。对于所有成员，案例开始和结束时间完全一样。另一个好处是丰富了课堂教学形式，课堂自主性更强，更清晰的可视细节。

但是，视频案例供应量有限，因为成本太高，同时涉及其发行和防伪的挑战。哪怕获得现成的视频资料，如果资料被独立使用，其中的精确分析，尤其是量化分析内容可能会减少。此外，在个人准备和集体讨论上，视频案例要花费更多的课堂时间。

电子版案例

最简单的电子版案例格式就是把纸版案例的数据转移到电脑硬盘上。长期以来，电子制表软件和电子数据一直作为纸版案例的补充，通过光碟来呈现案例文本、数据、附录和图表是非常自然的扩展方式。

电子版案例可以囊括更多的信息及更丰富的陈述形式，这些都更能引起学生的兴趣。在这方面，学生可以通过使用"案例难度方格"中的陈述维度获得更多实操机会以细化陈述信息。

电子版案例显而易见的局限就是成本。电子版案例制作昂贵，同时，为电子版案例提供的物理和技术支持架构也会产生成本。

多媒体案例

多媒体案例包括视频和电子版案例。

运用多媒体案例是因为这种方式最接近生活现实。多媒体案例既可以支持纸版案例，也可以丰富纸版案例单调的表现方式。

但是，制作一个高质量的多媒体案例可能很昂贵。如同电子案例一样，多媒体案例需要的学生硬件和技术支持也会带来成本的增加。多媒体案例甚至存在更多的局限性。随着数据和呈现方式复杂程度的提高，学生必须花费更多的时间来准备案例。信息发布和防伪、版权、生产者和使用者义务等使采用多媒体案例变得很复杂。

互联网上案例的运用

对于远程教育而言，参与式学习面临的最大的困难是"学习三阶段模型"中的小组和大组讨论问题。在这种方式中，教师—学生或学生—学生的互动完全发生了改变。目前，全球各地都在进行试验，试图找到网上案例教学的最有效途径。

课堂访问者

最有意思的变体方式是邀请课堂访问者参与课堂教学。课堂访问者涉及的范围很广，包括下列几类：

- 案例的焦点人物
- 案例讨论的组织中的一个代表
- 来自类似企业或行业的人员
- 案例涉及问题方面的专家
- 案例作者
- 来自与案例文化背景相同的人
- 来自与案例文化背景不同的人

· 教过此案例的某一个经验丰富的教师或者有特殊知识的人

· 研究领域跟案例有很大关系的教师同事

　　邀请课堂访问者参与课堂教学将大大提升课堂讨论的可信度和关联度。参与者将更容易发现案例数据与案例讨论和现实世界这三者之间的联系。如果刚巧课堂访问者是案例有关方面的专家，参与者就有机会了解专家的真实做法。为课堂访问者录像，记录其课堂的参与情况是非常有用的，录像资料随后保存为永久资料，供下次案例讨论课堂访问者不在场时使用。同时，录像资料可以编辑后添加到案例教学档案里。

　　教师必须认真筹备，以取得课堂访问者带来的教育价值增值。例如，通常的做法是让课堂访问者在课堂时间只剩余三分之一或四分之一时参与进来，而非从一开始就进入课堂。如果课堂访问者是案例的焦点人物，可以邀请他评述课堂讨论的广度和深度，现场答疑并补充案例的其他内容。如果课堂访问者是案例问题的相关专家，则可以跟学生讨论当前的实践。在上课前，教师要向课堂访问者简要介绍课程的性质、参与者小组的特点、典型的案例讨论格式，也应该让他了解学生可能问到一些问题，可能有些问题在课堂访问者看来是天真的、错误的、有时是对公司人员或实操的批评。教师也应该决定是在课前还是课后向学生介绍课堂访问者的情况。如果课前介绍，可能会降低讨论的自发性和广度。如果课后才介绍，参与者可能会认为受到欺骗、不公平。

　　介绍两难并非是课堂访问者带来的唯一问题。其他问题还包括：课堂访问者对讨论中的某些评论感到不快、课堂访问者准备不足，让学生感到无聊、或者课堂访问者透露案例中的机密等风险。另外，这种变体跟前面提到的几种变体一样，很耗费时间。

团队教学

某些案例适合用团队教学，就是说，两个或两个以上的教师联合引导课堂讨论。这种变体经常用在多学科交叉或很复杂的案例教学中。

团队教学给教师作为一个团队表现提供机会。不同的教师可以担任不同的角色，代表不同的职能领域或者重点关注讨论的某一部分。例如，在我们的一个经理人培养项目中，教学小组的四个教师在第一节案例介绍课的讨论部分就全部集体参与。这样参与者就有机会在项目早期接触所有的教师，教师也有机会展示信息的一致性及以决策流程为重心的项目的无缝属性。

团队教学显然是一种很昂贵的利用教师资源的方式。尽管某些教师认为这种方法麻烦且难以执行，运用过这种方式的教师则大多相信这是对课堂讨论极其有用的手段。这种方式要求每一个参与教师都必须具备一定的案例教学经验。

实地考察

实地考察是学生强化课堂知识的绝佳途径。有时，考察地点是案例中涉及的公司，这是对案例有价值的补充。有时到与案例中相同行业的企业考察，学生可以有机会发现相似的流程，讨论类似的迫切问题和挑战。对非案例企业的考察，如果经理人愿意谈论有关的具体困难，则不妨把它当成一个现实生活中的真实案例看待。

教师经常要求学生完成一项实地考察作业。在我们的 EMBA 项目中，有一位教师就是在其课程开始后的三到四节课，安排学生到企业考察。他总是想方设法把考察放到其中某位参与者的企业，这样既可以让学生得到热情欢迎，也让那位学生有机会展示自己的企业。教师的作业是让每一位参与者都完成一篇他称为"亲爱的老板备忘录"并上交。这 800 字的备忘录将转交给参与者真正的公司老板，其中要求学生对下面三个问题提出看法：①你听到和看到了什么？②你主要学到了什么？③根据你所看到和听到的，你认为自己的公司应该采取哪些目前尚未采取的行动，或者应该继续保持或加强哪些目前正在采取的行动？教师从学生那里得到的反馈基本上是，"多好的练习！我已经把备忘录转交给我老板"。

对于全日制学生而言，实地考察作业可以跟某个已经在课程中学到的主题联系起来，并让学生提出建议。

如其他变体一样，实地考察要花费更多时间并涉及资金投入。局限性包括如何获得进入公司的途径、行政安排、参观中对大批学生进行管理、安全问题、保密问题和责任问题。

结　论

任何惯例的变体都可以给课堂节奏带来良好的变化。案例教学是刺激的，但是，一成不变的案例教学也会让人感到枯燥无聊。正如本章所列举的一样，案例教学其实是对多种变体方式选择。有的是关注应该要求学生怎样做才会让他们表现不同；有的则关注教师应该怎样进行差异化教学；其他则是涉及案例形式问题，如采用技术和多媒体教学等。

采用变体案例教学方法或形式的最重要原因，是为了更好地完成教学/学习目标。

第九章 特别考虑事项

由于大纲对主题有所选择，所以，很多与案例教学相关的有趣话题将不可避免也无法充分覆盖。因此，有必要单独编写一章来探讨这些内容。本章主题包括四大部分：①"教师培训"将讨论对新教师培训的各种方法和手段；②"多样性"研究的是学生、教师或材料不同质的情况；③尽管学生投机取巧和作弊不是很令人愉快的论题，但是，这一节将给教师提供处理类似问题的建议；④非案例教学环境的案例应用。

教师培训

本书的主要目的就是培养案例教学教师，因此，把教师培训这个主题当成特别考虑的问题可能在某种程度上有点不可思议。不过，通过单独的章节，与案例教学新手讨论如何处理案例教学中面临的困难是很有意义的。

博士毕业的新教师往往是理论功底扎实而实践经验欠缺。因为觉得课堂讲授更好控制，所以，他们会对案例教学感到焦虑。案例教学需要自信心，而且能够容忍模棱两可的状态。故而，教师必须独立思考并做到自然反应。除了必须熟悉课程内容或相关问题，案例教学要求教师必须熟练掌握教学—学习流程。

尽管有人认为，教师是天生的而不是教出来的，但是，我们

171

相信通过培训可以使案例教学新手更快地胜任、精通案例教学。

导入努力

案例教学新手需要了解其所在学院的规范和流程。这些往往是通过非正式手段进行。每一个学期开始，很多大型学校会给新入职教师开设导入课，演讲内容包括学校的情况、各类项目和研究活动以及案例教学理念和期望。

选听一门案例课程

另一个方法是，新教师作为观察员进入到一门案例课程中旁听，观察教师的行为和学生的反应。如果新教师能够有机会在每一节课后听取经验丰富的教师或教师团队的总结报告（debrief），这个方式的效果将更加显著。

教案

我们在第四章讨论过，教师有必要对自己的每一节案例课进行充分的备课。不过，对同样的案例，也有很多由不同教师提供的教案供参考。这些教案都是同一个案例教学的经验积累，对于经验不足的教师很有价值。

教学计划会议

如果一门案例教学课程分为多个部分，所有教这门课的教师可以定期聚会，集体备课以计划如何教授每一部分课程。教师集体备课的好处跟学生小组案例讨论的好处是一样的，这点在《毅伟商学院案例学习》第四章已经谈到。集体备课丰富教学建议书中的内容，对新手帮助尤其大。

集体备课包括对课程的综合讨论和案例选择的讨论，包括教育目标的设置和达成这些目标需要采取的战略。大部分讨论以具体案例为焦点，重点关注分析或概念方面的难点。有经验的教师会发现其中的缺陷，并提出相应的解决方法。依据案例复杂程度的不同，每一个案例的讨论时间约在 30 分钟到 60 分钟之间。如有必要，新手可以在集体备课后跟经验丰富的教师再度磋商。

听课

听课有两种方式：新教师到另一个教师课堂听课或者邀请其他教师到自己班上听课。到别班听课要求新教师至少准备过案例。听课一定要征得教师的同意，可以参加或不参加后面的汇报课。大部分教师很乐于提供这类帮助。如果新手到很多同事课堂听课则可以了解各种教学风格和手段，对自己的教学风格的形成很有促进作用。

传统的听课方式是，有经验的教师到新手课堂听课。某些老资格的教师能够提供出色的指导，但是，并不是每一个人都可以很有经验地指出别人的缺点，并提供中肯的反馈或建议，除了下列某些很明显的问题，"不要光对着右边的同学讲话。"而且，并不是所有的新教师都喜欢接受别人的批评。也许问题在于不同的教学风格之间缺乏相容性。

录像

课堂录像很有用但是却令人难堪。录像机不会作假，教师所有的不良特质和习气会被一览无余。其优点是借助声像齐备，教师可以自己分析录像，也可以与经验丰富的教师一起分析。

案例教学工作坊

凭借超过 30 年为全球 8000 多名参与者开设案例教学工作坊的经验，我们确信，良好的案例教学基础知识可以在工作坊场景中教授。我们同时也确信，经验是最好的教师。每一位教师都必须自行决定什么样的案例教学手段对学生、课程和自己的个性是最有效的。对案例教学先决条件、案例准备任务、案例教学流程、评估和案例使用变体的知识和了解可以让新手学习别人的观点和经验。通过规避某些明显的错误、加速学习曲线的提高，新教师可以更快地提高效率并享受案例教学的经验。

多样性

对案例教学教师而言，处理多样性问题也很重要。在这里要讨论的观点包括三个：①不同文化背景的学生；②不同文化背景的教师；③不同文化背景的案例。

不同文化背景的学生

很多教育项目能够吸引很多来自不同国家的学生。这些学生来自各色各样的背景并把不同价值观带到课堂。

文化差异也意味着不同的教育价值和规范，比如强调死记硬背、记忆功夫和回忆大量事实的能力等，这些文化差异也许会给案例教学教师带来额外的困难。可能很难说服某些学生完全参与到"学习三阶段模型"中，包括其所有的团队工作和参与规范。也很难劝阻来自不同文化背景的学生不要死记硬背而是分析案例、不要从同学那里而是从教师那里学习知识。

如果开展得好，案例方法入门工作坊能够带来很好的回报。在这类工作坊里，学生个体和集体都能够反映出案例教学的意义。在工作坊上，一个重要的内容是必须全面了解案例教学方法面临的困难。在案例教学的规范、价值和行为方面，很多学生无法全面了解其意义。

教师的行为从来就是学生的榜样。每一位教师都必须尊重包容课堂上表达的各种观点和价值观，他们的示范作用将会促进学生对多元价值的学习积极性，无论是文化还是智慧方面。

不同文化背景的教师

案例教学教师常常被邀请在各地的研讨会上讲话、在高级管理培训中教学或者帮助开发管理项目。这些项目的学员学成后回到母国也开始进行案例教学。这两类教师同样面临着在不同文化背景下调整自身及教学方法的问题。这里强调的是客座教师的视角，因为我们假设第二类教师会更容易处理有关的文化差异问题。

理想的状态是，教师不仅仅能够根据文化背景进行全面的调整，更应该能够说当地的语言。同声传译价格昂贵、费时，同时会阻碍案例的自主讨论。随着全球化的到来，我们发现很多参与者可以运用英语参与，并且能够为英语不够流利的同学提供帮助。

在任何情况下，教师都必须放慢语速，减少惯用语和术语的使用，避免经常重复自己的话。在可能的情况下，努力根据文化规范来调整自己的行为。

至少，教师必须意识到自己的文化偏见，必须对学生不同的行为方式、他们对案例事实的不同解读，以及解决案例问题的不同手段采取开放态度。最后，在选择案例材料时，要尽最大可能把案例教学所处的文化因素考虑在内。

不同文化背景的案例

案例都是文化因素约束下的产物。虽然大量信息根本没有在案例中体现，很多案例教学教师可能不会敏锐地觉察到这个事实。这些缺失的信息都是假定为标准的文化、历史和社会知识，所有经过正常教育的学生都应该了解这些。比如，当我们讨论到某家机构位于洛杉矶，在特定的时间，我们假设不用对当时当地盛行的关于这座城市本身、其经济状况或其他状况进行任何解释。当同样的案例发生在伦敦、莫斯科或者中国香港等城市时，时间和地点的改变明显会带来令人吃惊的结果。很多相关信息实际上没有在案例中披露，他们假定都存在于读者的头脑中。如果进行跨境教学，教师最好不要假设新环境中的读者都能够认知这些隐性案例资料。

有时候，非本地案例能够提高学生的兴趣并扩大他们的视野，但是，在考虑这类案例的比例时，一定特别谨慎。过分依赖这些非本地案例可能会打击学生的积极性，因为他们会感觉这些材料跟他们所处的环境根本没关系。

学生投机取巧行为

学生可能会试图回避与案例学习相关的全部或部分责任而"投机取巧"。教师应该了解可能的投机取巧类型并找到应付手段。从道德观点考虑，其轻重度会落在一个很大的范围内，一个极端是实际欺骗。多数问题与案例准备有关，因为学生可能感到案例准备要花费很多时间，因此，他们会想方设法寻找捷径减少这方面的时间投入。

三个伦理问题包括：①课前课后分发、接受或要求案例笔记；②与案例涉及的公司联系，了解公司当时所采取的决策；③逃避准备，依赖小组或大组讨论来了解案例的主要学习目标。

因为案例学习的理念是基于通过体验获得成长的原则，所以说，试图绕过系统的学生蒙受的损失最大。

另外，如果教师的案例教学笔记落入学生手中，或者学生的案例笔记散落在各种学生组织和同乡会里，并年复一年地在学生圈里流传，则案例就算失效了。由于"答案"可能被到处广泛传播而不得不放弃一个优秀的案例，这样的代价痛苦而沉重。所有的教师都知道，好的案例很难找到，由于这种境况而销毁案例是非常不幸的一件事。

和案例涉及的公司取得联系，了解他们决策的做法必须严格禁止。第一，这会破坏未来案例写作的协作性。第二，学生可能会认为该公司制定了正确的决策，而事实却不一定如此。

案例准备的投机取巧

最明显的投机取巧方式是不做任何上课准备，既不阅读案例也不准备。有些教师告诉学生，如果出现这种情况，要在课前知会教师。当然，如果有紧急情况，准备不足是可以理解的。可是，由于害怕给教师留下不好的印象，大多数学生根本不认为课前跟教师讲实话对自己有好处。他们更愿意在课堂上碰运气，因为，教师能够发现这点的几率还是比较小的。哪怕没有准备的学生被提问到了，也会有两种情况存在。第一，学生承认没有阅读案例。这时，由教师决定该如何根据事先准备好的话语回应。如果事先已经告知学生："请提前跟我说这事"，那么他们可以说："我的规则是课前一定要跟我讲清楚。"或者加一句："课后请来见我。"有些教师会说："下不为例！"而有些教师则直接继续提问下一个学生。

第二种情况是学生试图欺骗。根据已经开始讨论的部分信息，学生也许可以"获得一鳞半爪，并依此大做文章"。如果事后发现学生根本不知道自己在胡诌些什么，双方都会很难堪。

比完全不了解案例稍微强些的情形是学生阅读了案例，但是，没有进行任何分析。下面的一些解释可被视为典型的课堂预警信号，"我没办法处理案例问题，""我不了解那些技术问题，""我无法理解那个系统是如何运作的。"如果教师过分关注这些解释，则有可能浪费时间和精力。如果很少发生这种情况，教师可以不必太过焦急。如果教师特别关注个别学生，当然应该采取行动。

如果宽容表现不佳或者没有准备的个别或几个学生，教师必须承担其后果。如果学生发觉没有准备也可以过关或者觉得教师可以被欺骗，他们会养成一种不良习惯。其他学生开始相信自己可以不断地"控制体系"并逃脱处罚。因此，我们建议教师不要容忍学生胡编乱造、问无关问题、重复案例事实或只高谈阔论而不发表看法的行为。教师必须跟学生明确说明这些行为方式是不可以接受的。语气不一定恼怒或者带有惩罚意味，可通过幽默方式处理或者仅仅重申认真准备的重要意义。

有些学生做了少量的准备，但是，他们比较聪明能够在讨论过程中抓住要点，最后能够做比较到位的总结和解释。这种投机取巧可以被看做"在线"准备。

如果大部分学生没有准备，问题就严重了。教师必须停课，问清楚是怎么回事。学生可能有充分的理由解释。正常情况下，他们是不会故意逃避学习的。也许刚考完试或者参加聚会去了。

有时，学生会对部分内容准备得比较充分，剩下的部分则略略带过。这种特殊投机取巧行为经常发生在学习小组在给个人分配案例时，都能理解其他人对案例只能通读而已。比如，如果让一个小组的六位学生来准备三个案例，每两位同学可能会认真准备其中一个，对其他两个案例只是通读。在小组讨论中，每位参与者都"陈述"一个案例，"了解"另外两个案例。如果组员拥有特殊技能或行业背景如会计、营销、财务、运营或者其他，这种安排会对学生产生诱惑力，因为这样做可以节省时间。让"专家"准备与自己专业相关的案例可能很吸引人。如果教师对小组的情况不了解，就很难发现这类问题。显然，这种方式直接降低非行内学生的学习效果。我们认为这种准备方法是不可取的。

有时候，学生也会制定某些贡献策略，比如，在课程开始或结束阶段准备比较认真，或者每四个案例会做一次认真准备等策略。

如果教师怀疑某个或几个同学没有认真准备案例，课后跟他们进行个别交流很有帮助。如果是大部分学生没有准备，就应该暂停讲课，让大家讨论这个现象。

如果投机取巧是由于案例过长或阅读材料过多引起，哪怕师生间在准备时间上已经达成"契约"，教师还应该考虑一下此时间是否现实。

座位可见度

学生对座位的选择可以反映他们对自己被别人看到或回避参与的倾向。典型的案例教室可以分为高可见度和低可见度两个区域。在高可见度区域中，参与者可被教师和其他同学同时看见。在半圆形阶梯教室，高可见度区域是直接面对教师的中间座位，最低可见区域在最前排。（参阅图 9-1）

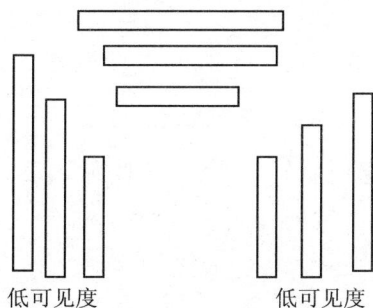

低可见度 低可见度

图 9-1 座位选择

小组项目

在小组项目作业中，无论是否涉及课堂陈述，小组成员中的工作量分配是不公平的。部分教师倾向于忽视这点，给所有小组成员同样的分数。部分教师要求小组成员互相打分，打分也许会匿名进行。

考试

如果某一门课程采用很多案例教学，则进行案例考试是合理的选择。跟其他形式的考试一样，考试过程中是不允许学生交流的，学生交流绝对会被视为欺骗行为。

非案例教学环境的案例应用

在案例教学被视为特例的环境中采用案例教学确实会带来一

些特殊的困难。

三个基本先决条件是：合适的物理设施、了解学生、找到并分发在非案例教学环境中得到认可的案例材料（参考本书第二章）。其他主要问题包括改变学生和教师，以及学校对案例教学法的观念。

学生视角

一个学校或项目中，如果只有一个教师采用案例教学而其他教师采用别的教学方式，参与者将不得不为案例教学规则进行大量的调整。从原来的为考试而准备向现在的每节课案例准备转换，这个习惯确实不容易形成。对于大多数参与者来说，学生互相学习（除了向教师学习外）和学生互相教导往往是新的技巧。课外找时间、激励学生个别准备并进行小组案例讨论亦非易事。因此，教师必须明确澄清为何案例是课程不可或缺的一部分，采用案例教学给课程带来什么好处，为了取得最佳学习效果，参与者应该在"学习三阶段模型"的各个阶段如何发挥作用等问题。

教职员工和学院视角

某些教职员工不仅对案例教学的教师和员工做出不利的评价，甚至对参加案例学习的学生也不放过。这些评论会带来一种不利于案例教学的风气，最坏的结果是阻碍案例教学教师教学目的的实现。

教职员工的态度经常反映在学院的态度、价值观、规范和流程中。这些都有可能形成有效案例教与学的障碍，同时影响教师的晋升和任期决定。

部分学校和项目缺乏让学生到校上课的要求和鼓励政策。某些地方甚至直接规定，不能用参与课堂讨论的方式来评定学生成绩。几乎不存在鼓励教师花费时间和精力进行案例教学的激励机制。同时，也没有或很少案例学习和教学的培训存在。在这些学院里，案例教学教师不但要说服自己和自己的学生，还必须说服同事尤其是系主任，说明有关案例教学的好处。

另外，在奖励系统和升职标准方面，如果大学把自己定位为研究型大学，任职和升职标准往往不会包括优秀的教学成果。结果是，对案例教学，既无激励，也不认为有必要。

结　论

本章讨论的案例教学教师的培训、多样化管理、学生投机取巧和非案例教学环境中的案例教学四大主题，代表了案例教学所面临的困难和挑战。如果方法正确，案例教学新手能够较快学到有效的案例教学的基本技能。案例教学工作坊，增加阅读量及由经验丰富的案例教师辅导，都被证明是提高案例教学效果的有效手段。

本章从文化的视角讨论教师和学生的多样性，同样，多样性也可能会表现在性别、经验、年龄、教育背景和教学技能等方面。如果教师有能力认可、理解并在案例教学过程中把多样性当作积极因素使用，就可以向学生传授全球化管理的技能。案例的多样性给备课和上课提供机会，可以深化有关多样化管理任何内容的教学。案例教学教师是通过实例来引导课堂的，这种挑战容易被遗忘，值得多次重复。

学生的投机取巧很容易滑入非伦理行为的歧路。成功的案例教学教师能够向学生传达自我发现、恰当地准备与参与的价值、成就的自豪感，因此，投机取巧不是特别吸引人。

非案例教学环境中的教师在思考这些影响有效案例教学的障碍清单时，很容易变得气馁，并说，"我干吗这么折腾啊?"但是，执著的理由也很充分。一个教育工作者如果已经确信案例教学可以实现既定教学目标，却要在实践中减少案例使用，这不符合其职业精神。一堂优秀的案例教学课可以带给参与者极大的满足感和直接的积极反馈，这都是很好的回报。

案例教学技巧是教师参与式工作和教学能力的组成部分。这些技巧同样可以在非案例教学活动中发挥作用，如根据阅读材料进行讨论、录像、演讲、领导小组和辅导，甚至可以用在委员会工作和主持会议上。拥有决策制定流程方面的教学经验，显然也是专业水平和个人生活的回报。

第十章 总 结

每一位采用案例教学法的教师都会自觉不自觉地至少要做三大教育决策。其一是课程内容，主要决策是讲理论还是应用，或者两者结合。其二是学习过程的学生参与问题，主要决策是参与式学习还是非参与式学习。其三是材料，主要决策是要选择本领域还是非本领域的材料。

采用本领域材料、把理论和应用结合到参与式教学方式中的手段被称为"案例结果来自案例教学法"方法。

技术进步让学生可以在世界上几乎任何时间、任何地点获得高质量的内容导向教育。教师有什么理由要求学生在规定的时间、规定的地点来到指定的教室上课？答案只能是，与其他教育方式相比，面对面的交流学习体验为更佳的选择，值得这样的付出。因此，案例教学教师必须承受一种附加压力，就是每一节课都要尽可能上得最完美。因此，一旦决定采用案例教学，挑战就变成了效力问题，这是整本书都关注的核心主题。

本书三个作者中，有两个拥有运营管理知识背景，因此，本书剩余部分将按照运营的观点来分析如何有效地解决案例教学的挑战问题。

运营观点

我们的运营观点包括三大内容。第一部分与系统目标相关。

在此，课程目标与案例的运用频度必须根据案例的潜在意义确定。第二部分是对系统各部分及其相互作用的详细考察。案例学习/教学流程被视为一个投入—转换—产出系统并且对之进行相应的考察。第三部分关注系统运作的环境，同时提出某些与技术相关的问题。

课程目标和案例应用频度

运营观点开始于对运营系统及其目标的考察。关键管理问题是，"运营经理应该怎样做才能够对组织目标和战略作出有效的贡献？"

在案例教学背景中的平行问题是，"案例教学教师怎样做才能够对学校的目标和战略作出有效的贡献？"

跟许多非教育机构一样，组织的所有目标和战略都能够被列举、沟通并被所有的"经理"所理解这样的假设很不现实。现实往往是这样，由于缺乏充分的组织指南，教师只好根据自己的认知来解释组织要实现的目标。缺乏某些个体偏好渲染的组织目标是很难实现的。由于我们的兴趣在于案例运用，因此，教师的案例运用频度看来就是教师个人偏好的明确标志。

我们的看法是，案例运用频度变异之所以存在，其根本原因是因为每个教师所要完成的教育目标存在着根本区别。

案例运用频度可以通过案例占全部课时或课程的时间比例表述。比重可以很大也可以很小，幅度差距很大。图 10-1 试图考察案例运用数量不同的情况下，教学目标、案例功能、潜在的假设和案例意义会产生怎样的差异。为此，最好关注使用数量的高和低两个端点，不要被案例运用频度干扰。

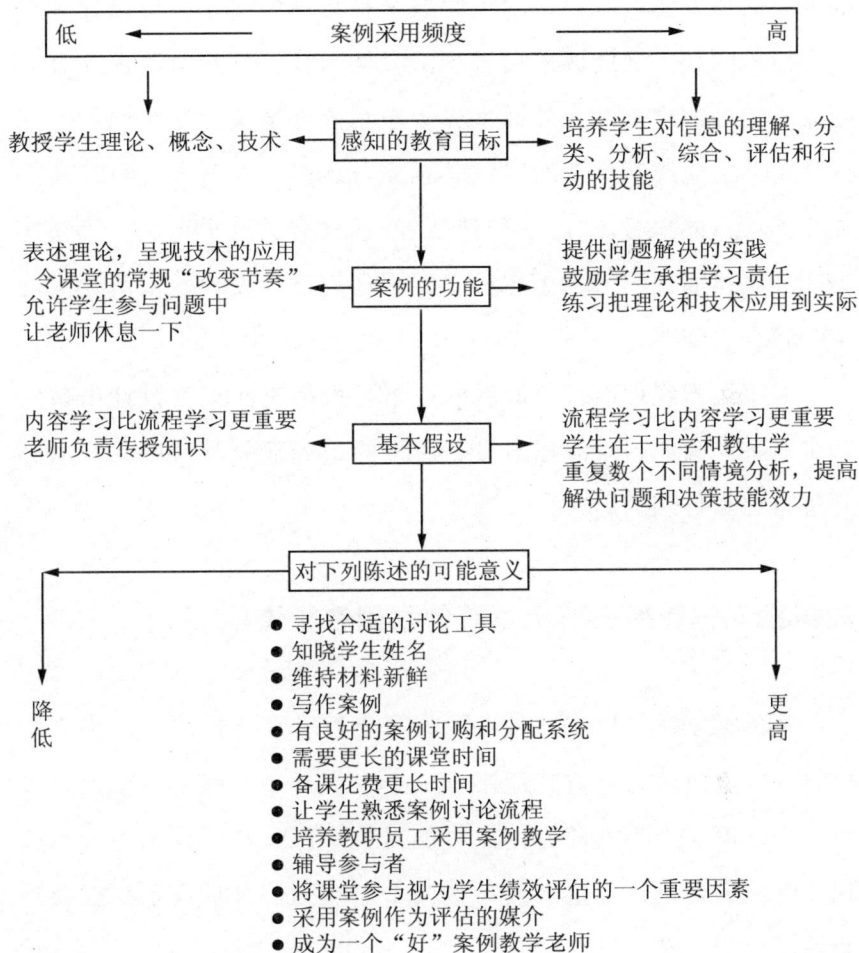

低 ←	案例采用频度	→ 高

教授学生理论、概念、技术 ←	感知的教育目标	→ 培养学生对信息的理解、分类、分析、综合、评估和行动的技能
表述理论，呈现技术的应用 令课堂的常规"改变节奏" 允许学生参与问题中 让老师休息一下 ←	案例的功能	→ 提供问题解决的实践 鼓励学生承担学习责任 练习把理论和技术应用到实际
内容学习比流程学习更重要 老师负责传授知识 ←	基本假设	→ 流程学习比内容学习更重要 学生在干中学和教中学 重复数个不同情境分析，提高 解决问题和决策技能效力

对下列陈述的可能意义

降低 ←

- 寻找合适的讨论工具
- 知晓学生姓名
- 维持材料新鲜
- 写作案例
- 有良好的案例订购和分配系统
- 需要更长的课堂时间
- 备课花费更长时间
- 让学生熟悉案例讨论流程
- 培养教职员工采用案例教学
- 辅导参与者
- 将课堂参与视为学生绩效评估的一个重要因素
- 采用案例作为评估的媒介
- 成为一个"好"案例教学老师

→ 更高

图 10-1 案例教学与案例采用频度

案例可以根据其潜在的灵活性在频度表两端采用。是否可以在两端采用同样的案例，人们的看法尚存在分歧。

最难的是中间部分。是否可以两全其美？由于缺乏关于结果的数据，这成为教育目标设置的一个特别难题。教师到底采用多少个案例，才可以满足提高学生分析问题、解决问题、决策或沟通能力的最低要求？要让学生掌握某种具体的技术，用以处理现实生活的问题，又应该采用多少个案例为佳？某些学院在这方面建立了良好的声誉，为外部世界干净利落地解决了这个问题。这些学院的文凭或学位上的"品牌"就充分表明，参与者已经成功完成相关项目的学习，"产品的消费者"愿意购买这个产品，无须忧虑产品具体的说明书是怎样的，因为他们已经发现，以前购买的"产品"合乎需要。

对于运营经理而言，最后的产出是根据整体流程设计出来的特定成果，因此，对流程本身、流程的组成部分及其内在联系必须进行更加仔细的考察。

如同投入—转换—产出系统的案例教学流程

案例教学法可以用图表显示为简单的投入—转化—产出系统（图 10-2）。这种表达方式适用于一个班级、一门课、一个项目或者一个学院。因为大部分读者可能对单个课堂和课程感兴趣，所以，我们的讨论将把重点放在这两个层次上，只是偶尔会提及项目或学院层次。

第一眼看到"投入—转换—产出"系统的实际构成部分以及案例教学教师面临的问题，态度认真的运营经理会发现其中的令人不安的因素。这个系统缺乏对产出的简要测量手段、可变投入、转换流程中的高度可变性、能力界定不明确、管理体系的责任和权力分散。可以在适当的表格中表达；并拥有可接受的理由说明的唯一部分就是设施而已。

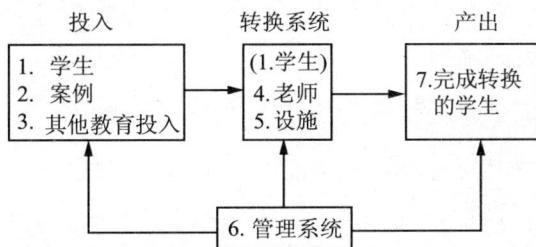

图 10-2　如同投入—转换—产出系统的案例教学流程

对这七个部分作更详细的观察，可能会发现某些也许很难直接显现的问题。

(1)学生。学生被假定为转换的实体。与工厂投入要素明显不同的是，案例学习流程中学生的一个重要作用是推进转换流程的产生。产品本身自发转换。学生的投入不可能同质。因此，这会涉及对学生的态度或先决条件的要求问题，不仅是学生的正规教育背景，也包括学生的个人性格，如文化背景、价值观、领导力、独立性、社交和沟通技巧、工作经验、企业家精神、性别、年龄和健康状况等。

对"最佳案例学校"的批评之一是，这些学校只接纳"优秀学生"，其产出效果当然不错。但是，作为投入要素的学生，其"最佳"的组合方式，或者说什么是案例学习/教学的最佳特征，这点还是模糊不清。同样，对案例教学班级的人数上限和下限也没有一个明确的界定。根据一般经验，只是把案例教学班级人数控制在 100 人以内即可。同样的教师采用同样的课程大纲，在 100 人的课堂上课，与把 100 人分成各 50 人的两个班上课，其教育质量到底有怎样的差别，这点也很不明确。

适合案例教学的学生年龄分布在 12 岁到 100 岁之间。有人也曾经对更低龄的群体尝试过案例教学。尽管在管理教学项目中，

189

学员之间年龄的差异普遍是30岁，但是，案例教学参与者的理想年龄组合尚未明确。

激励学生学习大概是教育中最主要的因素了。案例教学的学生可以获得最大的激励，因为他们能够意识到自己所作所为的关联性，并积极参与到学习流程中。本书从头到尾显然都在表明，教师可以采用多种手段来加强对学生的激励。某些相对简单，但基本的行为包括充分了解自己的学生、自己批改案例考试试卷并及时反馈、关心学生课内课外的进步情况、关心他们的参与问题。

（2）案例。案例本身是案例教学与其他类型教学方式产生差别的决定因素。案例是对某个真实情景的描述，一般涉及某个组织中的个体面临的某种挑战、机会、决策或者困难。案例基于实际，包含第一手资料数据。案例是经过挑选的故事，故事不属于作者本人，而是属于决策制定者。此外，案例发生机构的某人已经将案例授予案例作者所在的机构，允许后者为教育目的采用这个案例。

案例篇幅应该多长？如何组织？案例中应该提供多少相关或非相关信息？案例应该多新或者只能过时到什么程度？表现哪种类型公司中的哪类管理岗位？发生在世界的哪个地方？所有上述，只不过是教师在备课时必须要问到的部分问题而已。尽管有ECCH和其他案例发行中心存在，获取案例还面临着障碍。在持续开发能够反映现实中不断改变的管理任务和新环境的新案例方面，也是困难巨大。人们如何认定某个案例到底是好还是差？畅销书单能够反映出哪些案例是用得比较频繁的。但是，可否认为这些案例就是最好？在世界各地都有人试图设立某种案例评判流程来达成这个目的，但是，如果真正采取了这些行为，其结果怎样也完全不明确。这会鼓励更多的学术界学者转型做案例开发吗？会不会因此而开发出更多的优秀案例？会不会由此而产生两个级别的案例：被推荐的或好的案例和其他类型案例？案例的总体质量是否因此而得到提高？

前面已经提到，到底应该使用多少个案例才能够完成某个既定的教学目标。基于相对减少的案例运用的假设，至少已经有些研究开始把案例教学和游戏、模拟和练习进行比较。显然，单个案例可以同时处理多个教学目标。包含有分析、概念和陈述维度的"案例难度立方体"为我们提供了一种方法，把核心教育目标和案例结合起来。学习目标的多样性加大了教师案例选择的难度。案例不仅仅是良好的线性规划的应用或者良好的盈亏平衡分析范例，案例的其他维度也可以使它或多或少对课程产生吸引力。

合适的案例必须得到学生的完全欣赏，这种假设是天真的。转换流程受到很多因素的冲击，案例本身不一定能够占主导地位。教师有可能用"坏"案例教出好课，也有可能用"好"案例却教出坏课。某些教师对自己喜欢的案例情有独钟，坚持采用，刚好从一个侧面简明扼要地说明了案例本身就是决定因素。案例必须放到具体环境中分析，不仅在主题和理论层面如此，其他维度也是如此。不是所有的教师天生都能够为即将采用的案例设计出一个教学流程。教学建议书是案例写作和发布流程的整体组成部分，人们更加关注并分享教学建议书的趋势，便是这个事实的有力例证。

我们确信，案例教学参与性特点是案例本身最大的力量源泉。因此，案例必须足够生动有趣，才能够吸引学生进行充分的准备。确保并期待学生的见解和分析能在课堂上得到认真对待和赏识，将是学生进行必要准备的有益动力。

（3）其他教育投入。针对某一门课程，其他教育要素投入的数量将和案例运用频度成反比。尽管没有足够的数据证明，我们也认为在课程设计中，每个教师必须面对下列问题，即案例应该与何种程度的课堂讲授、模拟、练习、阅读、讨论、视频、电脑化学习项目等相结合才是合适的，这些元素之间是如何互动的。有意思的是，"教师到底擅长些什么"这句话本身就非常值得重视。与不熟悉案例教学方法的教师相比，好的案例教学教师一定能够更自如地采用案例教学手段。

哪怕是在用案例教学进行管理教育的早期，人们对传授知识和培养人才以进行决策和采取行动的二分法也有着清醒的认识。随着知识爆炸的出现以及对学术尊重压力的增加，这种二分法变得更加明显。幸运的是，电脑给人们提供了新的选择，如电子案例、互动学习、商务游戏和各式各样的练习都有助于拉近两者之间的距离。因此，"案例学院"面临着巨大的压力，要把以前正式预留给案例教学的时间腾出给其他教育投入。这个过程已经进行了相当长的时间，结果是这些学院的案例教学时间被大幅度地削减。选择机会的不断增加，给每一位教师的正确抉择带来了困难。伴随而来的各种投入要素之间目标和边界的模糊性，意味着选择不再是讲授或案例之间的简单取舍。

（4）教师。教师不仅仅是教育装配线上的一个工人，一般而言，他同时要发挥重要的管理和领导功能。就某一具体的课程而言，教师可能被视为一个独立的工匠。在案例教学中，教师可能还要充当学生的角色。教师的身份也要根据学生的参与情况进行转换。对于怎样的人最合适担当案例讨论领导者这个问题，大家的看法一直莫衷一是。

就案例教学而言，被认可的教师工作量应该包括哪些内容？教师应该花费多少时间进行案例教学备课？课堂教学时间为多少？课后跟学生接触多长时间为佳？很多学校为此制定了规范，但是，不同学校之间的规范又存在着很大的差异。如何根据结果对教师进行评估？根据学生的反应来评估是否正确？研究表明，对于非案例教学课程而言，教师的受欢迎程度并不总是与学生的学习情况呈正相关关系。案例教学也存在同样的情况吗？

是什么因素"激发"了案例教学教师的热情？是参与的刺激？是处理实际问题的乐趣？是对真理的探求？还是自我的满足？当然，在很多院校中，激励－惩罚系统（reward-punishment system）并不支持案例教学或任何与案例相关的活动。人们对案例教学重视不足，部分原因可能是来自于以前能力不足的教师。然而，尤其是对于更年轻的案例教学教师而言，直接面对同行的环境可能会造成一种心理恐惧障碍。除了信念本身，我们必须寻找到更多的途径，提高案例教学的合法性。

（5）设施。在案例教学中，设施既能够促进案例使用效果的提高，也能够大幅度影响教学结果，因此，它们是案例教学流程重要组成部分。适合于案例教学的设施也容易被其他教学方法包括讲授使用，故人们强烈倾向于要求按照案例教学的需要提供设施。尤其在人们意识到在设施更新方面，可能会存在制度性障碍时，这种要求更加明显。尽管教室是主要的考虑因素，但是，其他设施如学生容易进入的小组讨论区域、案例资料的复制和分发、简易图书室和互联网设备等，其支持价值绝不可小觑。

（6）管理系统。管理系统为转换流程提供设计、运作和控制功能，也提供指令和接收反馈信息。在案例教学环境下，管理系统中的责任和权力是分散的。教师个人承担的典型责任包括：确认课程目标、课程设计中的案例选择、根据常规实施案例教学计划并负责评估学生成绩。教学机构中的设施责任经常被放置于学术流程以外。学生注册可能是由注册部门完成，案例征订、复印和分发则有可能通过两到三个独立的机构完成。时间表或许是五花八门，对教师的监控也可能是形式各异。在此不作过多说明，不过，必须进行足够的协调工作，确保整体运作有效。

管理系统也应该为学生的学习和教师的教学（双方能够发挥最佳能力）提供合适的激励措施、对实际结果进行衡量并能够采取必要的纠错行动。在很大的程度上，这些工作都被教师个人承担了。

在进行流程分析时，按照运营观点，应该重点关注两大问题：产能和瓶颈。系统运营的理想状态是接近最大产能，并能够与少量的瓶颈保持良好的平衡关系。正如上面所提到的一样，在案例教学中的产能是一个灵活的概念。一个班级的学生数量、一个工作日可以讲授的案例个数、每一天学生可以准备的案例或课堂等，都是一些达到某些公认形式产能的基本衡量标准。把这些简单的数量和质量或者功能目标结合起来，会使评估的难度增加。"全班有多少同学从这个经验中真正学到东西了？"比"有多少学生来上课了？"关系更大。

瓶颈概念与产能约束有关，限制了系统的产出。潜在的瓶颈可能有：①学生——部分或者全部学生没有充分准备，或者缺乏处理案例的技巧；②设施——阻碍有效的学习；③教职员工——

技能不足或者缺乏动机；④管理系统——设计或/和运作不善。系统组成部分之间不协调会带来失衡以及焦点分散的后果。

（7）产出："完成转换"的学生。一般而言，如果一个系统的产出满足了质量、成本、数量和交付要求，这个系统一定是在正确的路径上运作了足够长的时间。人们假设生产产出的流程一般必须按照可接受的顺序运作。对案例教学课堂或者大量采用案例教学的课堂质量进行评估是一件难事。因此，将产出与系统组成部分的绩效相结合的管理任务很难实施。在哪一点上必须替换某一案例、必须更改案例教学计划、必须加长或者缩短课堂时间？有一些相对简单的问题可以用来说明这一点。

回答的方法之一是让市场力量自己运作，"只要录取了学生，我们必须把工作做好"。这点可能对市场敏感度过于信任。另外，与这一点相关的大部分讨论都假设，教育流程的目的都必须对可以预见的市场需要做出回应。

从现在起到二十年或者三十年后，社会将要求目前求学的这些学生做什么？将要求他们掌握什么技能？额外的脱产或在职培训有什么作用？我们当前的贡献应该怎样才能给他们未来的事业打下良好的基础？在当今教育界，设想目前的教育方式在二十年或三十年后还会产生影响是否现实？或者我们只需要教育学生，让他们掌握从未来经验学习的能力？

环境

目前，很多大学里管理项目学位的学术环境不是很稳定。学生的需求量大，而学校投入少，教师提升难，任期规定死板，诸如此类问题给那些缺乏额外的学院资源支持，但却需要创造产出的学者增添了压力。因为，非案例教学方法能够应付更多数量的学生，所以，把少量案例教学的现状改革为大量案例教学的做法无疑是困难的。实际上，压力将有利于向其他方向进行变革。

技术

教育技术正在发生变化，它一定会对转换系统的流程选择产生影响。计算机和互联网的应用是否意味着案例教学全新方式的出现？电子或视频案例是否还可以被称为案例？生产流程和媒体的运用是否将原始数据改变到这样的程度，除了相似以外，别无其他？如果用演员来表演同样情景中的角色，可否将之视为戏剧表演？当一个组织的财务报表全部存储到电脑里，让学生对这些报表进行分析，这种行为应该被视作案例还是练习？

很多院校正在试图通过互联网使用案例。这会对标准的"学习过程三阶段模型"产生怎样的影响？通告栏或聊天室是否等同于有效的小组讨论？案例多项选择练习是否等同于课堂讨论？是否存在完全不同的案例教学手段？

结　论

当然，确认案例教学中的问题和挑战比解决它们容易些。而且，可以预期未来会有更多新的机会出现，同时也带来新的挑战。案例教学也会与时俱进。案例教学法在向前推进，其前进的方向充满激动人心的希望。不存在最佳的案例教学方法。不仅案例的教学目标存在差异，教师、学生、设备和教学环境也大有不同。这种可变性令案例教学流程变得复杂。但是，这也给教师提供空间，让他/她有机会根据自身独特的实际情境，量身定做合适的教学方法。

多年以来，我们试行了多种工具、概念和技术，这些都可能有助于简化案例写作、案例学习和案例教学流程，并提高其有效性。其中，最基本的学习/教学工具包括案例难度立方体、学习过程三阶段模型、案例准备表和案例教学计划。我们确信，对有兴趣提高案例教学效果的教师而言，本书将会带来极大的不同感受。

我们最关心的问题总是如何在减少时间的同时，能够提高案例写作、案例学习和案例教学效果。教学任务极度个性化却也高度公众化。出色的案例教学教师得到的不仅仅是直接来自学生的积极反应，也有出色完成工作后，一生都被他人赏识的快乐。

附录一

案例讨论教室布局设计样本

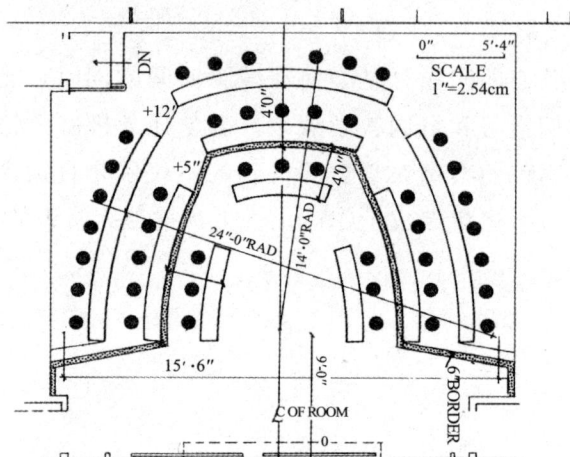

a) 44 位案例讨论教室样图①

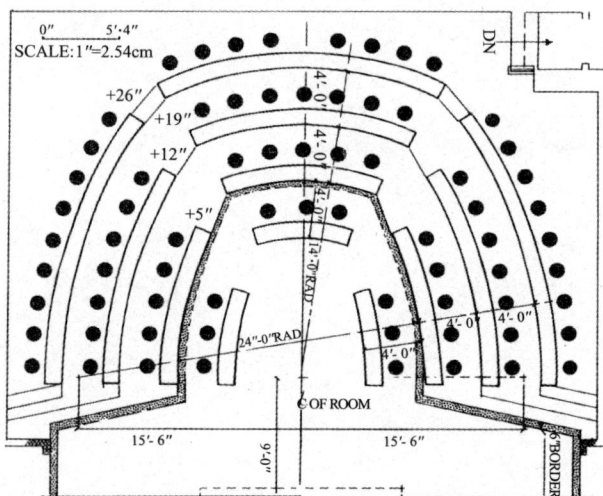

b) 71 位案例讨论教室样图②

①② Courtesy Ron Murphy, architect, London, Ontario.

附录二

世界主要案例传播中心

欧洲案例交换中心（ECCH）：

位于 Cranfield University　　　Tel：＋44(0)1234 750903

Wharley End，Bedford　　　　Fax：＋44(0)1234 751125

MK43 0JR England

E-mail：ECCH@cranfield. ac. uk

Web site：http：//www. ecch. cranfield. ac. uk/

位于 Babson College　　　　　Tel：＋1 781 239 5884

Babson Park，　　　　　　　　Fax：＋1 781 239 5885

Wellesly，MA 02157

USA

E-mail：ECCH@babson. edu

ECCH 分销以下世界上主要的管理学院开发出的案例：

Darden Graduate School of Business Administration，USA

Harvard Business School ＊，USA

John F. Kennedy School of Government，USA

IESE，Spain

IMD，Switzerland

INSEAD，France

London Business School，England

Richard Ivey School of Business，Canada

Cranfield University，England

Standford University ＊，USA

＊ ECCH 不在美国和加拿大分销哈佛的案例。

哈佛商学院

Harvard Business School Publishing

Customer Service Department

60 Harvard Way

Boston，MA 02163，USA

Tel：＋1 800 545 7685/ ＋1 617 495 6117

Fax：＋1 617 495 6985

E-mail：custerv@hbsp. harvard. edu

Web site：http：//www. hbsp. harvard. edu/

（哈佛商学院出版社也在美国分销毅伟商学院案例）

毅伟商学院

Ivey publishing	Tel：＋1 519 661 3208
Richard Ivey School of Business	＋1 800 649 6355
The University of Western Ontario	Fax；＋1 519 661 3882
London，Ontario，	
Canada，N6A 3K7	

E-mail：cases@ivey. uwo. ca

Web site：http：//www. ivey. uwo. ca/cases

（毅伟商学院也在加拿大提供哈佛商学院案例和《哈佛商业评论》翻印版）

弗吉尼亚大学达顿商学院

Darden Education Materials Services

Darden Graduate School of Business Administration

University of Virginia

P. O. Box 6550

Charlottesville，VA 22906-6550，USA

Tel：＋1 800 246 3367

＋1 804 924 3009

Fax：＋1 804 924 4859

E-mail：dardencases@virginia. edu

Web site：http：//www. darden. virginia. edu/

附录三

理查得·毅伟商学院
西安大略大学

IVEY

案例写作工作坊

尼克松拖车有限公司

尼克松拖车有限公司位于宾州兰开斯特，材料经理比尔库克正在考虑采购代理的一个计划，计划试图把起重臂支架的制造业务外包出去。此时已经是 2000 年 4 月底，比尔库克必须评估这份计划，决定是否可以继续下去。

尼克松拖车有限公司背景介绍

尼克松拖车有限公司专门制造高速公路运输车辆拖车。公司由三个部门组成：拖车部、喷砂油漆部和金属制造部。每一个部

在詹姆斯·A·厄斯金和迈克尔·R·林德斯教授指导下，陈亚生独立准备了本案例，为毅伟商学院 2000 年案例写作工作坊提供课堂讨论材料。作者并没有试图表达对某一管理情境的有效或非有效处理。作者有可能掩饰某些人名和其他可以确认的信息以达到保密目的。

门都是独立的利润中心，但是各部门之间的运作又高度综合。拖车的大部分部件由金属制造部制造，拖车部负责组装，然后由喷砂油漆部负责喷砂和最后的油漆工作。尼克松的年产量大约为40辆拖车，其中三分之二产量要在11月到次年4月之间完成。

舷外支架

部件编号为 T-178 的舷外支架是用来支持超尺寸集装箱的配件。支架由四部分焊接而成，尼克松公司销售的拖车安装有20个支架，每边 10 个。

目前，这些支架由金属制造部制造。其中的小部件有 T-67，T-75，T-69 和 T-77，都在一个熔锻车床上加工，在此将原材料切割成需要的尺寸。尽管车床可以开 8 个工作台，但是只有一个台可以运作。最后一项安装工作 T-70 要在一个手工焊接站用手工焊接。

支架的制造交货时间为两周。但是，制造部能够在供给、制造和安装作业之间进行良好的协调，因此，支架的成品库存能够维系到最低水平。尼克松估计其库存成本为每年总成本的 20%。

外包决定

为了降低成本，向比尔·库克报告的采购代理温迪·辛克莱从本地的三家公司获得了支架的报价。目前给尼克松公司供应其他部件的梅耶钢铁制造商（梅耶）报价最低，每件为尼克松到岸价（FOB）108.20 美元。

比尔和管理员森普森见了面，森普森把支架的制造成本明细分类表给了比尔。看着表格，森普森说道："这是根据我们今年的预算做出的成本估算。看看这材料、劳动和管理成本，我估算这部件的固定成本大约为 20％。注意，我们跟供应商的订货成本是 75 美元。"表 1 列出了尼克松公司在梅耶公司报价基础上的内部成本明细。

因为梅耶公司报出的交货时间为 4 周，因此，比尔估计如果把这业务外包给梅耶，他必须安排额外的空间来存放存货。因为梅耶是本地公司，有良好的记录，比尔不是很希望存放太多的安全库存，但是，订货数量的问题还是需要解决。

尼克松公司的运作环境竞争激烈，比尔的老板要求他尽量寻找机会降低成本。比尔坐下来研究信息后，明确他必须马上做决策，外包支架制造是否可以降低成本。

表 1　尼克松拖车有限公司制造成本和梅耶公司报价：舷外支架 T-178

部件	梅耶公司报价	尼克松公司制造成本
T-67	$14.60	$17.92
T-75	$21.10	$17.92
T-69	$18.50	$45.20
T-77	$13.00	$10.37
T-70	$41.00	$58.69
合计	$108.20	$150.10

在采取进一步行动之前，必须明确这种情况将会打破 EOQ（经济批量）公式的一个潜在假设：需求不变。不过，EOQ 公式有足够的说服力，并且能够为合适的订购量提供一个合理的估算。根据公式，订购量应是 75 个支架。比尔可能稍微调整一下这个数

量，将之增加到 80 个支架以满足 4 辆拖车的需求。假设平均库存为 40 单位，运输成本计算为 $865.60(40 _ $108.20 _ 0.20)，订单成本为 $750(共 10 单，每单 $75)，合计 $1,615.60，不足以颠覆结论。

仅 T-69 本身，$EOQ = \sqrt{\dfrac{2 \times 800 \times 75}{0.2 \times 18.50}} = 180$（个）

其他考虑因素

假设来自森普森和梅耶的数据是准确的，比尔将面临一个极好的机会。不过，这并不意味着尼克松公司必须外包支架制造业务，至少不会马上进行。跟森普森和梅耶核对数据后，比尔也许会在外包之前研究流程改进的机会。比如，案例中提到尼克松公司的 8 个熔锻工作台并没有完全投入运行。把这个业务外包给供应商的威胁，可能会让工厂内部的员工有兴趣改进流程以降低成本。无论采用何种手段，比尔都是为了满足制造的需要，在外包之前让他们有平等的机会研究流程和成本问题。

教学建议

可以从外包的动机开始案例讨论。可以通过研究支架的年度成本以及如何找到合理的节约成本方法来评估外包给梅耶公司的行为。例如，如果成本节约 1%，你是否愿意外包？10% 又怎样？

接下来，可以研究案例提供的成本和价格表。强制学生研究其中的矛盾，看看他们如何处理此事。可以得出类似的结论："某人给你提供了一个数据，你就应该相信它？"

下面可以进行成本分析。计算出尼克松公司的固定和可变成本，问问学生如何运用这些数据。讨论以后，可以问批量问题。此时，学生应该理解是有可能节约成本的，这样，他们就应该考虑每次的订货量。会有学生提出 EOQ 公式（尤其是布置学生事先预习这个公式），如果没有，教师可能不得不提出要求运用这项技术。

接近下课时间时，教师可以开始问学生有什么打算，他们将怎样实施计划。让他们考虑如何协调尼克松公司制造部门处理这个问题，以及应该从梅耶公司获取什么信息。

表 TN 1 舷外支架成本分析

部件	尼克松公司的固定成本（占总成本20%）	尼克松公司的变动成本（占总成本80%）	梅耶公司报价	尼克松公司与梅耶公司报价的差异
T-67	$3.58	$14.34	$14.60	($0.26)
T-75	$3.58	$14.34	$21.10	($6.76)
T-69	$9.04	$36.16	$18.50	$17.66
T-77	$2.07	$8.30	$13.00	($4.70)
T-70	$11.74	$46.95	$41.00	$5.95
合计	$30.01	$120.09	$108.20	$11.89

案例准备图表

案例标题：尼克松拖车公司

案例任务：如果你是比尔·库克：

(1)分析计划——接受？

(2)订单规模？

Ⅰ．短周期过程

　　　姓名　　　职位

谁：比尔·库克，材料经理

　　　　问题

是什么：支架外包？订单？接受 PA 建议？

为什么：节约成本

何时：尽快

　　案例难度立方体

怎么办：（　2　、　2-3　、　1　）

　　　分析　　概念　　陈述

Ⅱ．长周期过程

A．问题

当前的	基本的
1．批准计划	1．制造或购买
2．订单规模	2．外包
3．	3．成本分析
	4．订单规模

重要 紧急	低	高
低	Ⅰ	Ⅱ
高	Ⅲ	Ⅳ

B．案例数据分析

（参考教学建议书）

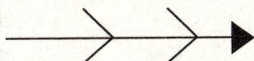

Ⅱ．长周期过程（续）

　C．备选方案

1．100％外包

2．部分外包——T-69

3．自己制造

4．提高 OPS 并自己制造

5．4＋2

　D．决策标准

1．成本

2．质量

3．可获得程度

4．底线影响

　E．方案评估

定量	＋		N			－		
定性	＋	N	－	＋	N	－	＋	N	－
决策	行	行	？	？	不行	不行	？	不行	不行

　F．较优方案：依赖自身流程提高是否可能

　　预期结果——最小节约目标 14，000 美元

　G．行动和执行计划

　　　　　时间

　　　　里程碑

谁　比尔·库克

是什么　与 PA/生产部门交流

何时　尽快

何地

怎么做　可能改进流程，部分外包？T-69

缺失信息：为什么内部成本和供应商报价存在差别

假设：外包节约劳动力和材料成本应该选梅耶公司。可以选择。

案例教学计划

案例	尼克松拖车公司	课程	SCM 101	日期	2003.03.05

时间
计划　议程

参与计划

1. 介绍　课堂议程
2. 下节课/其他课　3 月 10 日约翰逊控制案例
第九章　价格-P&SM

3. 总结，问题
4. 阅读材料讨论：第八章 外包 PP 300-308 P&SM
5. 案例介绍

6. 教学辅助
7. 作业问题

　　如果你处于：

40-45　1. 分析，外包，为什么？

20-25　2. 如果外包，订单规模？
_____ 3.
_____ 4.

8. 结论　1. 制造或购买，外包或内包
　　　　2. 固定还是变动成本
　　　　3. 供应角色
__80__　合计

优先自愿发言者：

1. Janet Ho　　5. Art Sheppard
2. Bill Sanders 6. Ron Smit
3. Lena Ashton 7. Annette Valois

4. Bob Quinn　8. Jorge Torres

自愿发言者（V）点名单
　V 或者_____Vasily Bronski,
Edna Towne _____
　V 或者_____

V 或 Chris Adamson, Joan Breton, Alex Szabo
V 或_____
V 或_____
V 或_____

板书设计

分析—问题1	决策标准　　　备选方案　　　行动	问题2

参考：《毅伟商学院案例教学》，2003 版，p. 82

翻译作者后记
从跨文化的观点看案例法

　　本后记的部分思想得益于毅伟商学院陈时奋教授的一次讲课，也来自于我自己对跨文化沟通与管理的研究，以及最近几年案例教学的实践。

　　2008 年 7 月，我（赵向阳）和本丛书的另外一个译者广东外语外贸大学的黄磊教师一起参加了中国 MBA 教育指导委员会和毅伟商学院联合举办的每年一次的案例教学和案例写作培训班（地点在清华大学）。正是在这个培训班，我第一次比较深入地接触了案例教学和写作，也从陈时奋教授手里接到了这套经典的案例方法的工具书。所以，才有了把这套丛书翻译成中文的想法和契机。

　　陈时奋教授是我见过的最擅长进行案例教学的教授之一。他对学生特点的深入洞察和充分把握，对课堂讨论活动的水到渠成般的精心组织，对体验式教学的虔诚信仰和以学生为中心的积极态度，让我深深地爱上了案例教学和案例开发。而我的德国导师 Michael Frese（前任应用心理学国际联合会 IAAP 的主席）则代表了另外一种截然相反的教学风格。那是一种英雄式的、将讲台当作个人表现的舞台，面对成百上千的听众，口若悬河，以渊博的知识征服人，让人不由自主地想要去崇拜、想要去模仿。后者这种讲授式的教学方式也是中国绝大多数教师通常采用的。

我则正在试图对不同的听众（或者准确地说，是参与者）采用不同的教学方式。对 MBA 学生我更多采用"全"案例教学（一门课程 10 个案例左右，理论教学占 30％左右的时间），对于本科生或者普通硕士研究生则采用讲授式（间或点缀两三个大案例，和众多的小故事）。我不知道这样的划分是否具有科学性，但是，我知道这样的因材施教需要花费大量的时间和精力来备课，很累。而现在的大学考核体制内，教学根本就不算什么，科研和项目才是重头戏，才是职称晋升的筹码。但是，那又怎么样呢？如果你真的很在乎学生，如果你坚信大学的首要功能是培养人，那么何必在乎你什么时候升教授呢？所以，我个人把是否在 MBA 教育中采用案例教学当作一个教师是否关心学生的试金石。更何况，这两种不同的教学方法之间可以相互渗透，彼此获益。讲授式的教学让你对理论的了解更全面、更深刻，可以很自然地迁移到案例教学中去。而案例教学则让你更了解管理实践的复杂性，使得你的理论教学更加容易让学生理解。讲授式教学大多数时候只是平铺直叙地将别人发现的理论告诉学生，就像中国的家长对待自己的孩子一样，动不动就喊"别碰那个，别碰这个！"①"小心点，别摔倒了！"②在这种教育模式下培养出来的孩子缺乏自主性和独立性，念完大学才发现自己无法面对这么复杂的世界，会犯很多低级错误，而且犯的都是大错误。而案例教学的目的之一本来也是帮助学生掌握理论，但却是依靠自己的思考和努力，靠和别人的合作与竞争，重新发现那些写在课本上的理论（或者最好能发现新的理论），当然不是按照科学家那种完美的方式发现一个尽

_____

① ② 引自案例教学和案例写作培训班上陈时奋教授的原话。

可能完美的理论。但是，科学家发现理论的方式真的就很完美吗？他们发现的理论，尤其是社会科学的理论离完美的境界又有多大的距离呢？从事科学研究的人都知道，所有的理论发现过程（或者说发明过程）都充满了混乱、曲折和反复。所有的理论也都有很多局限。所以，看似混乱的案例教学其实并不更加混乱。

西方人认为案例教学的鼻祖是苏格拉底，但是我个人认为，在中国，案例教学的鼻祖应该是孔子。孔子比苏格拉底甚至要早生了一百年左右。孔子和他的三千弟子七十二门徒之间的谈话，不就是通过一个个案例进行的启发式教学吗？但是孔子关于社会秩序的思想（比如，"三纲五常"）被统治阶级体制化以后，我们的教学系统里就完全丧失了这种启发式教学的土壤。这是一种莫大的悲哀，"热情而动人的思考"（古希腊人关于科学的定义）变成了死记硬背和墨守成规。所以，在中国进行案例教学、案例写作和案例学习都面临着巨大的文化上的挑战。法国著名的年鉴历史学派的代表人物布罗代尔认为，民族文化的变化非常缓慢，就像是海洋深处的洋流一样稳定而持续，但是很少改变运动的方向和强度。

借助于跨文化研究中的相关理论，比如，霍夫斯泰德（Hofstede）、强皮纳斯（Trompenaars）、全球领导力和组织文化有效性的研究（Global Leadership and Organizational Behavior Effectiveness，GLOBE study）等，我们可以对这个问题有更深的认识。鉴于西方是一个巨大的、模糊的概念，而案例教学和案例开发主要是在北美两个国家（美国和加拿大）的部分商学院比较盛行，所以，下面的讨论主要聚焦在中国和北美之间的文化差异对案例教学、案例写作和案例学习等的影响。

中国是一个高权力差距的文化，而北美是一个低权力差距的文化。案例教学要求的情境必须是低权力差距的文化。在案例讨论的课堂上，学生是中心、是演员、是主角；而教师只不过是教练、是主持人、是导演、是催化剂和信息库。教师不应该扮演讲演者、评论家和仲裁者的角色。为此，教师首先要转变自己的观念和定位，放下自己的身段，把课堂转变成一个探索思想的激动人心的论坛，而不是肃穆的教堂。教师知道和教授了多少知识并不重要，重要的是学生最终学到了多少知识，又把多少知识最终转化为了能力，以及学生在个性和品德方面有多大程度的完善和提高。其次，学校应该尽可能地创造适合案例教学的物理条件，比如 U 形的阶梯教室，或者小型的用于分组讨论的圆桌式的平面教室。桌椅的摆放方式就像办公室的布置一样，它代表了权力距离和教学理念的差异。案例教学鼓励学生不仅从教师身上学习，也从自己的同伴身上学习，从自己的学习经历中学习。而合适的案例教室为学生之间更多的目光和信息交流提供了条件，其中微妙的人际互动和课堂压力等有助于培养一个个独立自主的管理者。可以想象，那些更年轻一些的教师，那些更民主一些的教师，那些有着更高的沟通技巧的教师，那些更加自信的教师会更倾向于采纳案例教学。

中国属于集体主义文化，而北美属于个体主义文化。这两种文化下的人们在沟通方式上存在着巨大的差异。在集体主义的中国，人们尽量避免使用第一人称"我"，而尽可能地采用"我们"。尽量避免当场直接质疑教师或者任何位高权重者的见解，很多人不习惯于在大庭广众之下发言。我们更多的不是直接在课堂上提问，而是在课后、课间私下请教。辩论的时候中国学生很不习惯基于案例所提供的数据、事实和细节进行分析和辩论，而是更多地直接跳到结论上去，偏向于给出一个总体性的、概括性的判断。另外，在这种文化下，内群体和外群体之间有着巨大的差异，真正的团队合作和小组学习非常困难。和大多数人的感觉相反的是，在这种集体主义文化下，人们很难建立真正的强联结（strong ties）。一旦建立了这种强联结，一个人想从一个小圈子或者团队中离开而加入另外一个小圈子或者团队也变得很难。换句话说，这种圈子的墙壁很厚，难进难出，可渗透性很弱。这导致中国学生很难在严格意义上去遵循《毅伟商学院案例学习》中的三阶段模型，尤其是在小组学习和课堂讨论阶段。根据我的教学经验和观察，案例教学中教师分配的小组作业，比如 PPT 的准备更多的是由一个人来完成，而不是小组群策群力讨论的结果。更有甚者，本来教师期望一个小组一学期要负责四个案例分析，而学生采用一种偷懒的方式进行分工，每次只是一个人准备，一个人一个案例。这种情况经常发生在那些忙碌的在职 MBA 学生身上。这都是那些想要采用案例教学的中国教师必须了解和面对的挑战。

　　中国是一种对不确定性和模糊性有很强容忍的文化，而北美是一种高度不确定性规避的文化。中国是一种特殊主义文化（particularism），而北美是一种普遍主义文化（universalism）（社会学家帕森斯 1951 年提出的一对概念）。就案例写作来说，西方的案例写作事实上是很模式化的，遵循一定的倒金字塔形的结构（请大家参考本丛书的《毅伟商学院案例写作》）。案例写作可能从行业特征和公司背景开始介绍，逐渐过渡到某个职能部门，最后聚焦到某个关键的决策者目前面临的某个关键的事件、议题、两难冲突和挑战。而中国人写作的最高境界则是"形散而神不散"。一开始觉得平淡无奇，没有任何重要的事情，到了后面才渐入佳境，最后恍然大悟，把所有的细节和部分都串了起来。① 而北美人，尤其是那些写科学论文的人完全无法忍受这种事情。我的一个法国朋友对中国传统文化非常热爱，曾经一度硬着头皮读了《红楼梦》大约 100 页左右，困惑地问我"贾宝玉到底爱不爱林黛玉呀？"此外，中文是一种很模糊的语言，缺乏严格的语法结构，不

---

　　①②③　引自案例教学和案例写作培训班上陈时奋教授的讲授。

太适合进行科学思维，也不太适合科学论文的写作。既可以说2010 年世界杯期间"德国大胜阿根廷"也可以说"德国大败阿根廷"。既可以信誓旦旦地承诺所有售出的衣服"包不褪色"，也可以倒着念"色褪不包"。②英语的表达是越具体越好。每一段落里面只表达一个主要的思想和事件。最重要的思想永远放在起首段（或者起首句）和结束语里面。而中文的表达却能容忍在一段话里面同时表达多个问题或者事件。③

近几年来北京师范大学的 MBA 教育一直采购北京彼得·德鲁克管理学院的一门课程《八项基本管理技能》。这门课程是德鲁克学院从美国引进的，其中所有的案例都是视频形式的，主要内容是美国情境下的两三个员工和上司之间的冲突、沟通和谈判等。我个人发现，这类案例完全不适合中国情境。因为中国文化是一种高情境的、内隐的、含蓄的表达文化，而美国文化是一种低情境的、外显的、明晰的表达文化。如果按照美国那种方式和中国的上级进行沟通，估计那个员工早被悄悄地排挤掉了（而不是被明确地解雇了或者通过沟通解决了冲突）。所以，我特别感觉西方的一些《组织行为学》、《管理沟通》和《领导力》等方面的案例不一定很适合中国的 MBA 教学。除非你拿它们当作案例来教授跨文化沟通与管理。

最后，我想从文化的角度再来谈谈案例教学指南。毅伟和哈佛的部分案例提供了非常详细的案例教学指南（Teaching notes）。这些教学指南的质量之高，令人印象深刻，我个人一开始进行案例教学的时候非常依赖这些案例教学指南。但久而久之，你就发现这些案例教学指南都有一个明确的套路。那个套路就是案例分析的一般步骤：面临的问题和挑战是什么？造成这种问题的当前原因和深层次原因可能是什么？可能的解决方案是什么？每一种解决方案的优缺点是什么？选择合适的决策标准，做出具体的决策。详细地列出解决方案的实施计划。如果可能的话，评估解决方案的效果，等等。我个人特别困惑于案例教学指南中的那种简单的两分法的思维方式和过度积极主动的态度。而这一点西方人可能根本就没有意识到，因为这就是他们的文化，就像人类很少意识到空气的存在，鱼很少意识到水的存在一样。而在我们的文化中，中国人不习惯于简单的二元对立，不习惯于把好处和坏处分析得清清楚楚。我们总是试图在寻找和谐，寻找超越二元对立，寻找中庸。有时候我真的很怀疑，企业聘请一个管理者就是想让他做点什么（这种假设在多数场合下是合理的），可是在很多时候，一个管理者或者一个企业什么都不做，可能比积极主动地做很多事情对这个社会更有贡献。有时候时间和环境的改变，会使得所谓的问题变得不再是问题，会使得先前采取的貌似合理的行动变成画蛇添足，甚至有害。事实上，短期和长期的利益得失非常难以平衡。个人、企业和社会层面的利益得失又有几个人能说得清楚呢？我个人希望中国本土的管理研究可以有助于突破这种简单的两分法和过度积极主动的管理态度。我强烈建议在使用西方的案例教学指南的时候，要永远保持一种悬疑和批判的态度。

总之，案例教学、案例写作和案例学习是在北美的文化土壤上培植出来的一朵娇嫩的鲜花，它在中国的繁荣需要合适的制度和文化土壤，而培养这种制度和文化极其困难。当然，您首先也可以质疑，我们真的需要采用案例教学来改变我们的管理文化和商业文化吗？案例方法又在多大程度上能做到这一点呢？不过，我们殷切地希望您真正地吃过了螃蟹，再来评判它是否美味。

从终极意义上来说，我们鼓励多种教学方法的并存，但是我们希望把每一种教学方法的优点都发挥到极致。从实践的经验来看，进行全案例教学经常遇到的一个来自学生的期望是，希望教师能将案例讨论和理论讲授平衡起来，或者是折中一下。对此，我的回答经常是这样的："马和马生下来的是马，驴和驴生下来的是驴，而马和驴杂交生下的是骡子。"我们中国人最擅长进行折中和调和，作为案例教学的初学者或者实验者，你可能首先要抵制的就是这种诱惑，这种回到老路上去的诱惑。先走向极端，然后再进行综合和折中，这是我一贯的态度。

毫无例外地，我们要感谢下面许多人的帮助。如果没有他们的帮助，这套丛书的翻译出版是不可能的。

我们要感谢三位作者的信任。我们在翻译的过程中尽量追求"信、达、雅"的翻译境界，但是总是发现英文和中文之间存在着细微的差异。有时候即使是一个很简单的词，例如 class，在不同的场合也要翻译成不同的词，比如，"上课，课程，教室"等。著名的哲学家冯友兰先生也说过，"任何翻译的文字，说到底，只是一种解释……译文通常只能表达一种含义，而原文却可能还有其他层次的含义。原文是提示性质的，译文则不可能做到这一点。于是，原文中的丰富含义，在翻译的过程中大部分丢失了。"所以，我们鼓励读者，如果有条件的话，尽量地去阅读这套丛书的英文版，即使有可能让我们的中文版的销路受到一定的影响。

我们要感谢陈时奋教授的居间协调，使得我们获得了翻译的版权。同时也非常感谢陈时奋教授慷慨地允许我们使用他讲课中的部分内容来撰写这个序言。为了表示对智慧产权的保护，我们尽可能地采用了上标的形式清楚地指出了哪些内容可能是直接借用自陈时奋教授的讲课。更重要的是，从跨文化的角度思考案例教学法的整个思想最早都得益自陈时奋教授，恰巧又由于自己刚好是研究跨文化管理和从事相关教学，所以，对这个问题一拍即合，很有一些共鸣和心得。

我们要感谢全允桓教授作序。作为全国 MBA 教育指导委员会的秘书长，全允桓教授为推动案例教学和案例开发做了大量的工作，但是，我们个人印象最深刻的是全允桓教授的平易近人和对时间的承诺。百忙之中，全允桓教授会为了无法在翻译作者"规定"的时间期限内"交稿"而特别发来电子邮件道歉，事实上，真正的交稿只是晚了一天的时间而已。中国最缺乏的就是这种严谨的精神，我们向全允桓教授表示敬意！

这套丛书是两个 MBA 培养院校的教师和部分学生合作的结晶。《毅伟商学院案例学习》和《毅伟商学院案例写作》是北京师范大学经济与工商管理学院的赵向阳博士主持翻译的，《毅伟商学院案例教学》是广东外语外贸大学的黄磊教师主持翻译的。为了保证三本书中所有相互关联的术语的统一，我们相互交换了翻译稿，就某些术语的翻译进行了讨论。此外，赵向阳博士通读了《毅伟商学院案例教学》的翻译稿。北京师范大学 2008 级的部分 MBA 学生帮助翻译了《毅伟商学院案例学习》和《毅伟商学院案例写作》的初稿，他们是王丽萍、苗春雨、张鹏军、李雪莹、邱宇鸣、郑奇峰、马奎、钟武、范玉梅、安博、余晶、王刚、程聪、师欣悦、黄红、张海军、王志伟。另外，广东外语外贸大学 2009级全英班 MBA 学生朱卉同学在《毅伟商学院案例教学》书稿的校对中，付出了大量心血，在此表示感谢！

最后，我们要感谢北京师范大学出版社马洪立先生和其他编辑同志的辛勤工作。他们对精品书的要求和一丝不苟的严谨精神最终保证了本书的质量。

赵向阳，黄磊

2010.7.18

图书在版编目（CIP）数据

毅伟商学院案例教学：第 3 版／（加）詹姆斯·A·厄斯金（James A. Erskine），（加）迈克尔·R·林德斯（Michiel R. Leen-ders），（加）路易丝·A·林德斯（Louise A. Mauffette-Leenders）著；黄磊，赵向阳译．—北京：北京师范大学出版社，2010.12（2016.3 重印）
（毅伟商学院案例教学法丛书）
ISBN 978-7-303-11766-6

Ⅰ．①毅…　Ⅱ．①詹…　②迈…　③路…　④黄…　⑤赵…
Ⅲ．①企业管理—案例—自学参考资料　Ⅳ．①F270

中国版本图书馆 CIP 数据核字（2010）第 225894 号
北京市版权局著作权合同登记号：01-2010-6848

营销中心电话	010-58802181　58808006	
北师大出版社高等教育分社网	http://gaojiao.bnup.com.cn	
电子信箱	beishida168@126.com	

出版发行：北京师范大学出版社　www.bnup.com.cn
　　　　　北京新街口外大街 19 号
　　　　　邮政编码：100875
印　　刷：大厂回族自治县正兴印务有限公司
经　　销：全国新华书店
开　　本：155 mm × 235 mm
印　　张：15
字　　数：154 千字
版　　次：2011 年 2 月第 1 版
印　　次：2016 年 3 月第 2 次印刷
定　　价：55.00 元

策划编辑：马洪立		责任编辑：杜丽娟	
美术编辑：毛　佳		装帧设计：天泽润	
责任校对：李　菡		责任印制：马　洁